essentials

essentials liefern aktuelles Wissen in konzentrierter Form. Die Essenz dessen, worauf es als „State-of-the-Art" in der gegenwärtigen Fachdiskussion oder in der Praxis ankommt. *essentials* informieren schnell, unkompliziert und verständlich

- als Einführung in ein aktuelles Thema aus Ihrem Fachgebiet
- als Einstieg in ein für Sie noch unbekanntes Themenfeld
- als Einblick, um zum Thema mitreden zu können

Die Bücher in elektronischer und gedruckter Form bringen das Expertenwissen von Springer-Fachautoren kompakt zur Darstellung. Sie sind besonders für die Nutzung als eBook auf Tablet-PCs, eBook-Readern und Smartphones geeignet. *essentials:* Wissensbausteine aus den Wirtschafts-, Sozial- und Geisteswissenschaften, aus Technik und Naturwissenschaften sowie aus Medizin, Psychologie und Gesundheitsberufen. Von renommierten Autoren aller Springer-Verlagsmarken.

Weitere Bände in der Reihe http://www.springer.com/series/13088

Johanna Schindler · Anne Bartsch

Vorurteile – Medien – Gruppen

Wie Vorurteile durch Medienrezeption in Gruppen beeinflusst werden

 Springer VS

Johanna Schindler
München, Deutschland

Anne Bartsch
Leipzig, Deutschland

ISSN 2197-6708　　　　ISSN 2197-6716　(electronic)
essentials
ISBN 978-3-658-23217-7　　　ISBN 978-3-658-23218-4　(eBook)
https://doi.org/10.1007/978-3-658-23218-4

Die Deutsche Nationalbibliothek verzeichnet diese Publikation in der Deutschen Nationalbibliografie; detaillierte bibliografische Daten sind im Internet über http://dnb.d-nb.de abrufbar.

Springer VS
© Springer Fachmedien Wiesbaden GmbH, ein Teil von Springer Nature 2019
Das Werk einschließlich aller seiner Teile ist urheberrechtlich geschützt. Jede Verwertung, die nicht ausdrücklich vom Urheberrechtsgesetz zugelassen ist, bedarf der vorherigen Zustimmung des Verlags. Das gilt insbesondere für Vervielfältigungen, Bearbeitungen, Übersetzungen, Mikroverfilmungen und die Einspeicherung und Verarbeitung in elektronischen Systemen.
Die Wiedergabe von Gebrauchsnamen, Handelsnamen, Warenbezeichnungen usw. in diesem Werk berechtigt auch ohne besondere Kennzeichnung nicht zu der Annahme, dass solche Namen im Sinne der Warenzeichen- und Markenschutz-Gesetzgebung als frei zu betrachten wären und daher von jedermann benutzt werden dürften.
Der Verlag, die Autoren und die Herausgeber gehen davon aus, dass die Angaben und Informationen in diesem Werk zum Zeitpunkt der Veröffentlichung vollständig und korrekt sind. Weder der Verlag noch die Autoren oder die Herausgeber übernehmen, ausdrücklich oder implizit, Gewähr für den Inhalt des Werkes, etwaige Fehler oder Äußerungen. Der Verlag bleibt im Hinblick auf geografische Zuordnungen und Gebietsbezeichnungen in veröffentlichten Karten und Institutionsadressen neutral.

Springer VS ist ein Imprint der eingetragenen Gesellschaft Springer Fachmedien Wiesbaden GmbH und ist ein Teil von Springer Nature
Die Anschrift der Gesellschaft ist: Abraham-Lincoln-Str. 46, 65189 Wiesbaden, Germany

Was Sie in diesem *essential* finden können

- Eine Systematisierung zentraler Konzepte zu Vorurteilen.
- Eine Systematisierung zentraler Konzepte zur Medienrezeption in Gruppen und den Vorschlag eines Mehrprozess-Modells.
- Eine theoretische Verknüpfung bisheriger Erkenntnisse zu Vorurteilen und zu Medienrezeption in Gruppen.
- Ergebnisse einer explorativen Feldstudie zur Rezeption einer Medienbotschaft über Outgroups in der Ingroup.
- Eine integrative Perspektive auf Gruppenphänomene in der modernen Mediengesellschaft für Forschung und Praxis.

Inhaltsverzeichnis

Einleitung 1

Vorurteile, d. h. negative Einstellungen gegenüber einer ‚Outgroup' im Vergleich zur ‚Ingroup', sind menschlich und entsprechend weit verbreitet (z. B. Zick et al. 2011). Dadurch sind sie von hoher sozialer Relevanz: Eine Vielzahl von Menschen ist von Vorurteilen betroffen – je nach Kontext z. B. aufgrund ihrer ethnischen oder nationalen Herkunft, Religion, geschlechtlichen oder sexuellen Identität, einer körperlichen oder psychischen Erkrankung oder Behinderung, oder auch aufgrund ihres Alters oder ihrer Körperform. Vorurteile können sich (häufig unbewusst und indirekt) negativ auf die Gesundheit, das Privat- und Berufsleben der Betroffenen auswirken und somit über Wohlergehen, soziale Teilhabe und ganze Biografien entscheiden (z. B. Farina et al. 1968; Riach und Rich 2004; Williams 1999). Ihre extremste Ausdrucksform sind Gewalttaten, die sich gegen Menschen als Angehörige einer bestimmten Gruppe richten und für die es sowohl historisch als auch aktuell unzählige Beispiele gibt – z. B. Kriege, Völkermord, Attentate, auf bestimmte Gruppen bezogene Amokläufe und sonstige gewaltsame Angriffe.

Wenn es um die Entstehung und mögliche Veränderung von Vorurteilen in der modernen Gesellschaft geht, spielen Medien eine zentrale Rolle: Viele Menschen haben überwiegend oder sogar ausschließlich über Massenmedien Kontakt zu Angehörigen verschiedener Outgroups. In der sozialen Praxis nutzen und verarbeiten sie Medienbotschaften dabei häufig nicht alleine, sondern gemeinsam in Kleingruppen, die zu ihrer Ingroup gehören – etwa mit Angehörigen, Freund_innen oder Kolleg_innen (z. B. Gehrau und Goertz 2010; Kessler und Kupferschmitt 2012). Die gemeinsame Medienrezeption bildet hierbei einen besonders relevanten Kontext, da Vorurteile ein soziales Phänomen darstellen und maßgeblich durch Gruppenmechanismen beeinflusst werden. Insofern ist davon auszugehen, dass Vorurteile unter realistischen Bedingungen häufig durch das Zusammenwirken aus Medien- und Gruppeneinflüssen geprägt werden.

© Springer Fachmedien Wiesbaden GmbH, ein Teil von Springer Nature 2019   1
J. Schindler und A. Bartsch, *Vorurteile – Medien – Gruppen*, essentials,
https://doi.org/10.1007/978-3-658-23218-4_1

Nachfolgend wird der Einfluss gemeinsamer Medienrezeption in der Ingroup auf Vorurteile näher beleuchtet. Dazu werden zunächst zentrale Konzepte zu Vorurteilen und Medienrezeption in Gruppen systematisiert und Erkenntnisse aus beiden Bereichen miteinander verbunden. Da es bisher kaum empirische Untersuchungen zum Zusammenspiel dieser Phänomene unter alltäglichen Bedingungen gibt, werden anschließend anschauliche Ergebnisse einer explorativen Feldstudie vorgestellt. Das vorliegende *essential* will damit einen umfassenden und realitätsnahen Blick auf gesellschaftliche Gruppenphänomene bieten.

2

2.1 Grundlagen: Begriff und Dimensionen

Zunächst soll ein kurzer Überblick über den Vorurteils-Begriff und seine inhaltlichen Dimensionen gegeben werden.

Begriff

Vorurteile werden meist als *negative Einstellungen gegenüber einer Gruppe oder ihren Mitgliedern* definiert. Sie sind damit Einstellungen, die auf der sozialen Kategorisierung in Eigen- und Fremdgruppe bzw. In- und Outgroup basieren (z. B. Allport 1954; Dovidio et al. 2010; Fiske 1992; Stangor 2009). Vorurteile bestehen aus drei Komponenten:

- Ihre *affektive Komponente* wird häufig ebenfalls als *Vorurteil* bezeichnet. Sie meint überwiegend negative affektive Einstellungen gegenüber Gruppen oder ihren Mitgliedern.
- Ihre *kognitive Komponente* sind *Stereotype,* also häufig negative und leicht zugängliche kognitive Schemata über Gruppen oder ihre Mitglieder. Sie beziehen sich auf als charakteristisch wahrgenommene Eigenschaften, aber auch auf die wahrgenommene Homogenität dieser Eigenschaften innerhalb der Gruppe.
- Ihre *Verhaltenskomponente* ist *Diskriminierung.* Sie bezeichnet die unangemessene bzw. unfaire Behandlung von Menschen aufgrund ihrer Zugehörigkeit zu einer Gruppe, die sowohl in Form der aktiven Benachteiligung dieser Gruppen als auch subtiler in Form der Bevorzugung anderer Gruppen stattfinden kann.

© Springer Fachmedien Wiesbaden GmbH, ein Teil von Springer Nature 2019
J. Schindler und A. Bartsch, *Vorurteile – Medien – Gruppen,* essentials,
https://doi.org/10.1007/978-3-658-23218-4_2

Die drei Bestandteile von Vorurteilen stehen in komplexen und je nach Kontext unterschiedlich starken Wechselbeziehungen zueinander (Dovidio et al. 1996) und sind in der sozialen Praxis deshalb schwer voneinander zu trennen.

Inhaltliche Dimensionen

Ausgehend von ihrer kognitiven Komponente lassen sich Vorurteile nach dem *Stereotype Content Model* (Fiske et al. 2002) anhand zweier wesentlicher inhaltlicher Dimensionen systematisieren: *Wärme* (bei geringer Konkurrenz zur Ingroup) und *Kompetenz* (bei hohem Bildungs- oder ökonomischen Status). Die beiden Dimensionen können jeweils stark oder schwach ausgeprägt sein, woraus sich vier verschiedene Kombinationen ergeben, die jeweils spezifische Emotionen auslösen:

- *Paternalistische Stereotype* gehen von viel Wärme und wenig Kompetenz aus (typisch z. B. gegenüber älteren Menschen). Sie sind häufig mit Mitleid, Sympathie und Fürsorge, nicht aber mit Respekt verbunden.
- *Neidische Stereotype* gehen von wenig Wärme und viel Kompetenz aus (typisch z. B. bei Antisemitismus). Sie führen meist zu Respekt bei gleichzeitigem Neid und Missgunst.
- *Verächtliche Stereotype* gehen von wenig Wärme und wenig Kompetenz aus (typisch z. B. gegenüber Sozialhilfeempfangenden) und lösen ausschließlich negative Gefühle wie Verachtung, Abscheu und Wut aus.
- *Bewundernde Stereotype* gehen von viel Wärme und Kompetenz aus (typisch für die eigene Ingroup und Gruppen mit hohem Identifikationspotenzial) und sind mit positiven Gefühlen wie Bewunderung, Stolz und Respekt verbunden.

Gemischte Stereotype mit positiven Zuschreibungen auf der einen und negativen Zuschreibungen auf der anderen Dimension kommen besonders häufig vor. Die vom Stereotype Content Model postulierten Zusammenhänge lassen sich empirisch für verschiedenste gesellschaftliche Gruppen (Fiske et al. 2002) und weitgehend auch kulturübergreifend nachweisen (Cuddy et al. 2009).

2.2 Ursachen und Einflüsse

Vorurteile sind zumindest in einer schwächeren Ausprägung beinahe unvermeidlich. Menschen neigen zu vereinfachenden Informationsverarbeitungsmechanismen, um sich in einer komplexen Welt zurechtzufinden und trotz begrenzter Ressourcen orientierungs-, urteils- und handlungsfähig zu bleiben (einen Überblick bietet z. B. Pendry 2007). Dazu kommen evolutionsbedingte, sich aus der Notwendigkeit des Lebens in Gruppen ergebende existenzielle Grundbedürfnisse: das Bedürfnis nach Zugehörigkeit, das Bedürfnis, die soziale Umwelt zu verstehen, das Bedürfnis nach Kontrolle einer komplexen Umwelt, das Bedürfnis nach Selbstaufwertung und auch das Bedürfnis nach Vertrauen in andere (Fiske 2000). All das macht Menschen grundsätzlich anfällig für die Differenzierung zwischen In- und Outgroup und damit verbundene Vorurteile.

Vor diesem Hintergrund lassen sich die spezifischen Ursachen und Einflussfaktoren von Vorurteilen besser verstehen. Als Erklärung für Vorurteile lassen sich vier Phänomene hervorheben, die in der Praxis zusammenwirken können (Dovidio et al. 2010):

Vorurteile können sich erstens aus *Persönlichkeitsunterschieden* auf Individualebene ergeben. Dabei werden sie vor allem durch (rechten) Autoritarismus (Altemeyer 1981) und soziale Dominanzorientierung (Pratto et al. 1994) begünstigt. Autoritarismus meint die starke Orientierung an Autoritäten und Konventionen und die Ablehnung von Abweichlern. Soziale Dominanzorientierung bezeichnet das Bedürfnis nach sozialen Hierarchien.

Auf Gruppenebene können Vorurteile zweitens durch wahrgenommenen *Gruppenkonflikt* bzw. eine wahrgenommene Bedrohung durch andere Gruppen erklärt werden. Dies kann sich sowohl auf physische bzw. materielle Bedrohungen (z. B. für Macht, Ressourcen und Wohlergehen der Ingroup) als auch auf symbolische Bedrohungen beziehen (z. B. für Werte, Überzeugungen, Identität und Selbstwert der Ingroup) (Stephan und Renfro 2002).

Drittens liefert *soziale Kategorisierung* (Tajfel 1969) eine grundlegende Erklärung für Vorurteile. Menschen neigen dazu, die Ähnlichkeiten innerhalb einer Gruppe und gleichzeitig die Unterschiede zwischen verschiedenen Gruppen zu überschätzen. Dieses Phänomen geht häufig mit einer positiveren und differenzierten Wahrnehmung der Ingroup einher und ist empirisch umfassend belegt (z. B. Brown et al. 2006; Taylor et al. 1978).

Aufbauend auf sozialer Kategorisierung gilt viertens *soziale Identität* als zentrale Ursache von Vorurteilen. Nach der Theorie der sozialen Identität (Tajfel und Turner 1986) bewegt sich das Selbstkonzept eines Menschen auf einem Kontinuum zwischen seiner individuellen Identität und seiner sozialen Identität als Mitglied einer Gruppe. Bei einer ausgeprägten sozialen Identität wird das Verhalten eines Menschen vor allem von den (als eigene wahrgenommenen) kollektiven Bedürfnissen, Einstellungen und Motiven der Gruppe geprägt. Die Theorie besagt auch, dass Menschen ihr Bedürfnis nach einem positiven Selbstwert (s. o.) durch die positive Abgrenzung ihrer Gruppe von anderen Gruppen zu befriedigen versuchen. Forschungsergebnisse bestätigen diesen Zusammenhang: Je nachdem, ob ihre persönliche oder soziale Identität im Fokus der Aufmerksamkeit steht, haben Menschen unterschiedliche Vorurteile gegenüber derselben Outgroup (z. B. Verkuyten und Hagendoorn 1998). Vor allem aber tritt Diskriminierung schon bei Gruppen auf, die nach irrelevanten und zufällig festgelegten Kriterien im Labor gebildeten wurden (z. B. anhand der angeblichen gemeinsamen Vorliebe für bestimmte Malstile; Tajfel et al. 1971). Dieses Phänomen wird als *Minimal Group Paradigm* bezeichnet und führt im Experiment zur sogenannten Eigengruppen-begünstigung, also der Tendenz, der eigenen Gruppe Vorteile zu verschaffen. Dabei entscheiden sich die Mitglieder einer Gruppe eher für einen maximalen Unterschied zur anderen Gruppe als für den absolut gesehen größten Nutzen für ihre eigene Gruppe (Tajfel et al. 1971).

2.3 Bewusstseins- und Motivationsebenen

Vorurteile werden – wie in Abschn. 2.2 erläutert – von menschlichen Wahr-nehmungsmechanismen und Motivationen geprägt. Daraus kann sich ein komple-xes Wechselspiel aus Einstellungen auf verschiedenen Ebenen ergeben.

Explizit vs. implizit

Auf Wahrnehmungsseite wird zwischen expliziten und impliziten Vorurteilen unterschieden: *Explizite Vorurteile* sind Menschen bewusst, können durch Selbst-auskünfte gemessen werden (sofern dazu Bereitschaft besteht) und wirken sich eher auf leicht kontrollierbares, überlegtes Verhalten wie verbale Aussagen aus (Dovidio et al. 2008; Dovidio et al. 2002). Menschen verhalten sich nur dann ent-sprechend ihrer expliziten Einstellungen, wenn sie ausreichend Motivation und kognitive Kapazitäten besitzen (Fazio 1990).

Implizite Vorurteile existieren dagegen unterbewusst und werden durch Reize wie z. B. bestimmte Merkmale automatisch aktiviert. Sie entstehen, indem durch Erfahrung oder soziales Lernen immer wieder Verbindungen zwischen Kate-gorien und Bewertungen hergestellt werden und wirken sich eher auf schwer kontrollierbares und subtiles Verhalten wie die Körpersprache aus. Deshalb wer-den sie z. B. anhand impliziter Assoziationstests erhoben, etwa auf Basis der Geschwindigkeit bei der Zuordnung von Begriffen (Dovidio et al. 2008, 2002).

Explizite und implizite Vorurteile können miteinander übereinstimmen, aber auch je nach Situation – z. B. aufgrund sozialer Normen – voneinander abweichen (Nosek 2005).

Extrinsisch (soziale Normen) vs. intrinsisch

Auf Seiten der Motivationen wird zwischen extrinsisch und intrinsisch motivierten Vorurteilen unterscheiden, wobei diese Differenzierung unabhängig vom expliziten oder impliziten Charakter der Vorurteile ist (Devine et al. 2002).

Extrinsische Motivationen kommen von außen bzw. von anderen und sind mit einem geringen Maß an Selbstbestimmtheit verbunden. Dazu gehören insbesondere *soziale Normen*, die Vorurteile als soziale Phänomene maßgeblich prägen (einen Überblick bieten Sechrist und Stangor 2004): In einem klassischen Feldexperiment in einem Zeltlager für Jungen wurde z. B. gezeigt, wie sich in kürzester Zeit starke Gruppennormen entwickelten, die Vorurteile gegenüber anderen Gruppen begünstigten (Sherif et al. 1961). Extrinsische Motivationen wie soziale Normen beeinflussen, in welchem Ausmaß Menschen (zumindest kontrollierbare explizite) Vorurteile gegenüber verschiedensten Outgroups äußern (Crandall et al. 2002). Wenn bestimmte Normen aktiviert oder neu generiert werden, können Menschen ihre Einstellungen gegenüber Outgroups unterdrücken oder sogar nachhaltig verändern (z. B. Monteith et al. 1996; Stangor et al. 2001). Dabei haben Normen insbesondere dann einen starken Einfluss, wenn sie von der Ingroup stammen und die jeweilige soziale Identität stark ausgeprägt ist (Stangor et al. 2001).

Intrinsische Motivationen kommen dagegen von innen, spiegeln die persönlichen Werte einer Person wider und sind mit einem hohen Maß an Selbstbestimmtheit verbunden. Starke intrinsische Motivationen beeinflussen nicht nur explizite Vorurteile, sondern sind sogar in der Lage, implizite Vorurteile (s. o.) zu verändern – insbesondere wenn Menschen sich ohne äußeren Druck verhalten können (Devine et al. 2002). Ein starker Widerspruch zwischen extrinsischen Normen und intrinsischen Werten kann hingegen Reaktanz auslösen und zu einer den Normen entgegengesetzten Reaktion führen (Plant und Devine 2001).

Da Menschen die Überzeugungen ihrer Ingroup internalisieren (Crandall et al. 2002), sind die Übergänge zwischen extrinsischen sozialen Normen und intrinsischen persönlichen Werten häufig fließend. Für Vorurteile relevante Normen und Werte sind z. B. politische oder religiöse Überzeugungen und allgemeine Vorstellungen über die soziale Welt (z. B. über die Gerechtigkeit des Status quo, über die Verantwortung für individuelle Lebensumstände und die Bewertung von Gleichheit vs. Hierarchie) und spezifischere z. B. politische oder religiöse Überzeugungen (einen Überblick bieten Crandall und Eshleman 2003).

Widersprüchliche Einstellungen

Gerade in der modernen Gesellschaft können sich Widersprüche zwischen Einstellungen auf bewusster und unbewusster Ebene (explizit vs. implizit) und in der sozialen Außen- und persönlichen Innenwelt (extrinsisch vs. intrinsisch) ergeben. Verschiedene Theorien zu aktuellen Formen von Rassismus beschäftigen sich mit solchen Konflikten und veranschaulichen solche Widersprüche exemplarisch:

- *Moderner/symbolischer Rassismus* bezeichnet Vorurteile bzw. rassistische Einstellungen, die durch ein System aus Überzeugungen gerechtfertigt werden (indem z. B. nicht Diskriminierung, sondern die betroffenen Outgroups für Nachteile verantwortlich gemacht werden; Tarman und Sears 2005). Das Konzept beschreibt damit den Versuch, extrinsische, gegen Rassismus gerichtete gesellschaftliche Normen mit intrinsischen, rassistischen Überzeugungen in Einklang zu bringen.
- *Ambivalenter Rassismus* ist das gleichzeitige Vorhandensein feindlicher und ‚freundlicher' Vorurteile bzw. Einstellungen (z. B. beim paternalistischen Mitleid) gegenüber ethnischen Minderheiten (Katz und Hass 1988). Er bezieht sich damit auf einen inhaltlichen Widerspruch zwischen Einstellungen auf gleicher Ebene.
- *Aversiver Rassismus* ist durch den Widerspruch zwischen unbewussten rassistischen Vorurteilen und dem Willen, nicht rassistisch zu sein, geprägt – weshalb die Konfrontation mit diesen Einstellungen vermieden wird (Gaertner und Dovidio 1986). In diesem Fall widersprechen sich damit explizite und implizite Einstellungen.

Die genannten Ansätze zeigen, dass Vorurteile in modernen Gesellschaften selten klar und eindimensional sind. Sie sind durch Widersprüche und Widerstände geprägt und deshalb umso komplexer, subtiler und anpassungsfähiger.

2.4 Reduktion von Vorurteilen

Im Folgenden sollen schließlich kurz Grundlagen zur Reduktion von Vorurteilen erläutert werden. Dabei wird zum einen auf verschiedene Interventionstechniken und zum anderen auf verschiedene Typen der Veränderung von Vorurteilen eingegangen.

Interventionstechniken

Es wurden bereits verschiedene Techniken zur Reduktion von Vorurteilen untersucht, z. B. (Medien-)Informationen, Instruktionen und soziale Prozesse in oder zwischen Gruppen. Dabei erwiesen sich verschiedene Interventionen als erfolgreich, die auf Einflussfaktoren der Vorurteilsbildung abzielen, z. B.

auf Informationen, Emotionen (insbesondere Empathie), soziale Identität oder Normen (einen Überblick bieten Paluck und Green 2009).

Die bekannteste und wichtigste Interventionstechnik ist Kontakt von In- zu Outgroup-Mitgliedern (Intergruppen-Kontakt). Die *Kontakthypothese* wurde ursprünglich von Allport (1954) formuliert, der als ideale Bedingungen gleichen Status, gemeinsame Ziele, Kooperation zwischen den Gruppen und Unterstützung des Kontakts durch Normen bzw. Autoritäten nennt. Dass Vorurteile durch Kontakt vermindert werden können, wurde vielfach und für unterschiedliche Gruppen empirisch bestätigt, wobei die von Allport formulierten Bedingungen begünstigend, aber nicht notwendig sind (Pettigrew et al. 2011) und negativ verlaufender Kontakt den gegenteiligen Effekt haben kann (Paolini et al. 2010). Es gibt zudem verschiedene wirksame Sonderformen von Intergruppen-Kontakt wie z. B. den parasozialen Kontakt über Medieninhalte (Schiappa et al. 2005) und den erweiterten bzw. indirekten Kontakt, etwa durch die Freundschaft mit einem Ingroup-Mitglied, das wiederum mit einem Outgroup-Mitglied befreundet ist (Wright et al. 1997). Die große Wirksamkeit von Intergruppen-Kontakt könnte darin begründet sein, dass er als integrativer Ansatz auf vielen für Vorurteile relevanten Ebenen gleichzeitig ansetzt und sowohl Informationen, Emotionen, soziale Identität als auch Normen vermitteln kann.

Veränderungstypen
Unabhängig von der Interventionstechnik können sich Vorurteile auf verschiedene Arten verändern. Dabei kann zum einen nach inhaltlicher Veränderung differenziert werden: Neben der Veränderung der *Einstellung selbst*, z. B. durch abweichende Informationen, ist auch eine Veränderung der Kategorisierung der Outgroup möglich – und häufig erfolgreicher. Die *Dekategorisierung* bezeichnet dabei die Betonung der individuellen Identitäten, die zum Bedeutungsverlust der Gruppenidentität führt. Bei der *Rekategorisierung* wird eine gemeinsame, übergeordnete Identität von In- und Outgroup geschaffen oder hervorgehoben (z. B. als Fußballspielende anstatt als zwei gegnerische Teams). Besonders wirkungsvoll sind kombinierte Ansätze, die unterschiedliche, untergeordnete Gruppenidentitäten innerhalb einer gemeinsamen, übergeordneten Gruppenidentität stärken (einen Überblick bieten Paluck und Green 2009).

Auch der zeitliche Ablauf und Grad der Generalisierung der Veränderung negativer Einstellungen gegenüber einer Outgroup kann variieren: In Bezug auf Stereotype, also die kognitiven Bestandteile von Vorurteilen, gibt es dazu drei Modelle, die auch auf die Veränderung von Vorurteilen als Ganzes übertragen werden können (einen Überblick bieten Spears und Tausch 2014):

- Das *Bookkeeping-Model* geht davon aus, dass Vorurteile über die Zeit durch angesammelte abweichende Informationen verändert werden.
- Das *Conversion-Model* beschreibt dagegen eine abrupte Änderung durch eine einzelne, dem Vorurteil stark widersprechende Information.
- Während die beiden bisherigen Modelle von einer generalisierten Veränderung des Vorurteils insgesamt ausgehen, können abweichende Informationen laut *Subtyping-Model* auch dazu führen, dass ein neuer Subtyp des ursprünglichen Vorurteils geschaffen wird. Dadurch kann das Bild einer Outgroup vielfältiger werden – aber auch das ursprüngliche Vorurteil praktisch unverändert bestehen bleiben (Hewstone 1994).

Klassischerweise gehen die Ansätze zur Reduktion von Vorurteilen davon aus, dass die Einstellung gegenüber bzw. Kategorisierung von einer bestimmten Outgroup verändert wird. Die Veränderung kann aber noch weiter generalisiert und zusätzlich auf weitere, ganz unterschiedliche Outgroups übertragen werden: Dieses als *Secondary Transfer Effect* bezeichnete Phänomen ist aus der Forschung zu Intergruppen-Kontakt bekannt und wird durch eine Verallgemeinerung von (positiven) Einstellungen erklärt (Pettigrew 2009). Schließlich kann in diesem Zusammenhang auch *Ingroup Reappraisal*, also eine veränderte Bewertung bzw. Einordnung der Ingroup stattfinden und relevant sein: Die Einsicht, dass die eigenen Standards und Normen nicht die einzigen und nicht die einzig richtigen sind, kann zur Distanzierung von der Ingroup und so wiederum zu einer neuen, offeneren Sichtweise auf Outgroups führen (deshalb auch ‚Deprovincialization‘; Pettigrew 1998)

Medienrezeption in Gruppen 3

3.1 Grundlagen: Bedeutung und Zusammenspiel mit Vorurteilen

Als Nächstes steht die Medienrezeption in Gruppen im Mittelpunkt. Dabei wird zunächst ihre Bedeutung eingeordnet und ein kurzer Überblick über bisherige Untersuchungen zum Zusammenspiel von Medienrezeption in Gruppen und Vorurteilen gegeben.

Bedeutung

Mit *Medienrezeption* ist hier der gesamte Prozess der Zuwendung zur und Verarbeitung von Medieninhalten gemeint, der sowohl die unmittelbare Nutzung als auch die anschließende weitere Aneignung bzw. Verarbeitung mit einschließt (einen Überblick über verschiedene Rezeptionsphasen bietet z. B. Schweiger 2007, S. 158–159).

Gemeinsame Medienrezeption in Kleingruppen ist ein verbreitetes Phänomen. Das betrifft zum einen die unmittelbare Mediennutzung in Gruppen: So fand 2011 ein Drittel der gesamten Fernsehnutzung in deutschen Privathaushalten in Gruppen von zwei oder mehr Personen statt. Trotz der zunehmenden Individualisierung des Angebots und der Entwicklung des Internets hat die absolute Dauer der gemeinsamen Fernsehnutzung über die vergangenen Jahrzehnte kaum abgenommen (Kessler und Kupferschmitt 2012). Zudem ergeben sich durch Online-Angebote neue Möglichleiten der gemeinsamen Mediennutzung. Zum anderen fällt unter Medienrezeption in Gruppen auch die Anschlusskommunikation über Medieninhalte. Die meisten Menschen unterhalten sich mehrmals wöchentlich mit anderen über Medieninhalte aller Art – auch dieses Phänomen ist mit der Entwicklung des Internets nicht weniger

© Springer Fachmedien Wiesbaden GmbH, ein Teil von Springer Nature 2019
J. Schindler und A. Bartsch, *Vorurteile – Medien – Gruppen*, essentials,
https://doi.org/10.1007/978-3-658-23218-4_3

bedeutend geworden, sondern schließt nun zusätzlich auch Online- und Mobilkommunikation mit ein. Der größte Teil der Gespräche findet im privaten Umfeld mit Partner_innen, Verwandten und Freund_innen statt, ein Teil aber auch im Umfeld der Arbeit und Ausbildung (Gehrau und Goertz 2010).

Durch Kommunikation über Medieninhalte verarbeiten Menschen diese sowohl während als auch nach der Nutzung gemeinsam (z. B. Gehrau und Goertz 2010; Hefner 2012; Katz und Liebes 1990; Sommer 2010; Sutter 2010). Dabei können Gespräche über Medieninhalte verschiedene Funktionen wie z. B. das Organisieren der Situation, die emotionale Verarbeitung, das Schließen von Wissenslücken oder eine Deutung und Einordnung erfüllen (Klemm 2000). Die gemeinsame Rezeption von Medieninhalten wirkt sich maßgeblich auf die einzelnen Teilnehmenden aus. Die gleiche Botschaft kann damit unterschiedliche Effekte haben, je nachdem, ob sie alleine oder gemeinsam verarbeitet wurde (z. B. Sommer 2010). Allerdings gibt es bis heute noch relativ wenige Erkenntnisse zur genauen Funktionsweise und Wirkung gemeinsamer Medienrezeption.

Zusammenspiel mit Vorurteilen
Auch die Rezeption und Wirkung von Medienbotschaften über Outgroups in Gruppen und insbesondere der Ingroup wurde bisher erst in wenigen Studien untersucht (z. B. Paluck 2009, 2010; Rojas et al. 2005). Diese Studien bieten Hinweise, dass medienbezogene Gruppenprozesse in verschiedensten kulturellen und sozialen Kontexten, in unterschiedlich großen und unterschiedlich zusammengesetzten Gruppen stattfinden.

Insgesamt verweisen bisherige Studien auf ein erhebliches Einflusspotenzial kollektiver Medienrezeption auf Vorurteile. Sie zeigen auch, dass das Zusammenspiel aus Medienbotschaften und Gruppenprozessen komplex ist und je nach Situation und Zusammensetzung der jeweiligen Gruppen zu völlig unterschiedlichen und mitunter unerwarteten Ergebnissen führen kann: In einer Studie in den USA entwickelten die Teilnehmenden, die zusätzlich zu einer TV-Dokumentation an einer Diskussionsveranstaltung zu Rassismus beteiligt waren, ein stärkeres Problembewusstsein und ein stärkeres Bedürfnis, selbst aktiv zu werden (Rojas et al. 2005). In einer anderen Studie im Kongo wurden Teilnehmende, die über ein Jahr eine Serie zur Konfliktreduktion gehört hatten, mit Teilnehmenden verglichen, die zusätzlich eine dazugehörige Talkshow gehört hatten. Die zweite Gruppe diskutierte auch im persönlichen Umfeld mehr und kontroverser über die Themen der Serie und zeigte schließlich – anders als von den Medieninhalten impliziert – negativere Einstellungen und Verhaltensweisen gegenüber den betreffenden Outgroups (Paluck 2010).

3.2 Informationsverarbeitung in Gruppen

Im Folgenden soll ein kurzer Überblick über die Grundlagen der Verarbeitung von (Medien-)Informationen in Gruppen gegeben werden. Dafür wird zum einen das Konzept der Gruppe als informationsverarbeitendes System vorgestellt und zum anderen auf verschiedene Faktoren eingegangen, die kollektive Verarbeitungsprozesse beeinflussen.

Die Gruppe als informationsverarbeitendes System

Eine Gruppe kann als informationsverarbeitendes System (Hinsz et al. 1997) verstanden werden. Sie kann als Ganzes Informationen verarbeiten, und dieser Prozess ist in verschiedener Hinsicht mit dem Informationsverarbeitungsprozess von Individuen vergleichbar: Auch Gruppen können Informationen enkodieren, speichern und abrufen, beziehen dabei Feedback von außen mit ein und produzieren Reaktionen (Hinsz et al. 1997). Wie im Folgenden verdeutlicht wird, weist kollektive im Vergleich zu individueller Informationsverarbeitung jedoch einige Besonderheiten in ihrer Funktionsweise auf. In Experimentalstudien wurde zudem nachgewiesen, dass individuelle und kollektive Problemlöse- und Urteilsprozesse bei den gleichen bzw. vergleichbaren Personen zu unterschiedlichen Ergebnissen führen (z. B. Laughlin et al. 2006; Überblicke bei Kerr et al. 1996; Kerr und Tindale 2004).

Eine zentrale Voraussetzung für kollektive Informationsverarbeitung ist *Social Sharedness:* ein Mindestmaß an geteilten Vor- und Einstellungen, Motiven, Normen, Identitäten und kognitiven Prozessen in der Gruppe (einen Überblick liefern Tindale und Kameda 2000). Social Sharednes bildet die Basis, auf der individuelle Beiträge der Gruppenmitglieder (z. B. kognitive Ressourcen wie Wissen) auf Gruppenebene kommunikativ miteinander verbunden werden können. Durch diese *Combination of Contributions* entsteht ein kollektiver Verarbeitungsprozess, der über die Summe der individuellen Beiträge hinausgeht (Hinsz et al. 1997).

Einflussfaktoren auf kollektive Verarbeitungsprozesse

Informationsverarbeitung in Gruppen kann durch Einflussfaktoren auf Individual- wie auf Gruppenebene beeinflusst werden, die sich aus Merkmalen der Gruppenmitglieder bzw. Gruppe, ihrer Situation und der Botschaft ergeben.

Auf *Individualebene* sind die Faktoren relevant, die auch individuelle Informationsverarbeitungsprozesse prägen (z. B. Forgas 1995; Petty und Cacioppo 1986): Die *Motivationen* der einzelnen Mitglieder (z. B. ihre Überzeugungen, Normen und Identität), ihre *kognitiven Ressourcen* (z. B. Aufmerksamkeit,

Fähigkeiten und Wissen) und ihre *Affekte* (z. B. Freude, Wut oder Angst). Das Zusammenspiel dieser Faktoren beeinflusst, welche Beiträge einzelne Mitglieder in den Gruppenprozess einbringen (Hinsz et al. 1997; Tindale und Kameda 2000).

Auf *Gruppenebene* ergeben sich je nach Zusammensetzung und Situation einer Gruppe weitere Faktoren, die kollektive Informationsverarbeitung beeinflussen und ihre Besonderheiten ausmachen. Als übergeordneter Faktor ist hier das Ausmaß an *Social Sharedness* (s. o.) in verschiedenen Dimensionen zu nennen (De Dreu et al. 2008; Hinsz et al. 1997; Tindale und Kameda 2000). Dies betrifft zum einen die oben genannten, individuellen Faktoren und zum anderen weitere, gruppenspezifische Faktoren: So sind Art und Ausmaß der *sozialen Identität* (vgl. Abschn. 2.2; auch: Belongingness) einer Gruppe bzw. ihrer Mitglieder maßgeblich für den Gruppenprozess. Eine stärker ausgeprägte soziale Identität begünstigt wiederum Social Sharedness in anderen Dimensionen. Verbunden mit sozialer Identität können auch *soziale Normen* (vgl. Abschn. 2.3; auch: Konformitätsdruck oder Group Centeredness) eine wichtige Rolle spielen. Zudem ist die *Rollenverteilung* in der Gruppe relevant. Meinungsführer_innen, Expert_innen, oder ‚kognitiv zentrale' Gruppenmitglieder mit besonders viel geteiltem Wissen haben meist einen stärkeren Einfluss auf den Gruppenprozess. Je nachdem, in welchen Dimensionen Social Sharedness vorhanden ist (z. B. in Bezug auf Ziele oder auf Vorwissen), ergeben sich unterschiedliche Gruppenprozesse. Empirische Ergebnisse sprechen dafür, dass Gruppenprozesse in der Regel stärker von Faktoren beeinflusst werden, die in der Gruppe in größerem Ausmaß geteilt werden (Tindale und Kameda 2000).

3.3 Ein Mehrprozess-Modell der Medienrezeption in Gruppen

Um genauer zu beschreiben, wie Gruppen (Medien-)Informationen verarbeiten und wie diese wiederum mit Vorurteilen zusammenspielen, ist es hilfreich, zwischen verschiedenen kollektiven Verarbeitungsmodi zu unterscheiden. Auf Individualebene gibt es dazu bereits eine Reihe bewährter Zwei- und Mehrprozessmodelle der Informationsverarbeitung (z. B. Zwei-Prozess-Modell der Verarbeitung von Unterhaltung, Bartsch und Schneider 2014; HSM, Chaiken et al. 1989; AIM, Forgas 1995; LC4MP, Lang 2006; ELM, Petty und Cacioppo 1986). Die Unterscheidung zwischen verschiedenen Verarbeitungsmodi ist auch oder gerade auf Gruppenebene sinnvoll: Auch Gruppen können Motivationen, kognitive Ressourcen und Affekte haben (vgl. Abschn. 3.2) (De Dreu et al. 2008; Hinsz et al. 1997; Smith 1993), deren Zusammenwirken die wesentliche

Grundlage verschiedener auf Individualebene bekannter Verarbeitungsmodi bilden. Es zeigt sich zudem empirisch, dass Gruppen trotz der für sie charakteristischen Vielfalt an Einflüssen häufig sogar zu besonders homogenen und prototypischen Informationsverarbeitungsmustern neigen (Hinsz et al. 1997).

Anders als für Individuen gibt es für Gruppen bisher allerdings erst sehr wenige und teils nur implizite Ansätze zu Mehrprozess-Modellen kollektiver Informationsverarbeitung (z. B. Bobbio 2010; De Dreu et al. 2008; Hinsz et al. 1997). Die Erkenntnisse bisheriger Forschung zur Verarbeitung von (Medien-)Informationen werden im Folgenden deshalb analog zu Modellen auf Individualebene in einem eigenen Mehrprozess-Modell auf Gruppenebene zusammengefasst. Das Modell geht von zwei zentralen Dimensionen der Informationsverarbeitung aus:

- Zum einen wird wie in klassischen Zwei-Prozess-Modellen zwischen *automatischer* (auch: peripherer oder heuristischer) und *systematischer* (auch: zentraler, kontrollierter oder elaborierter) Informationsverarbeitung unterschieden (z. B. Chaiken et al. 1989; Petty und Cacioppo 1986). Automatische Informationsverarbeitung funktioniert oberflächlich anhand einfacher Mechanismen und spart kognitive Ressourcen. Systematische Informationsverarbeitung zeichnet sich dagegen durch die aktive und aufwendige Auseinandersetzung mit Inhalten aus, weshalb sie deutlich voraussetzungsreicher ist.
- Zum anderen wird zwischen *geschlossener* (d. h. zielgerichteter) und *offener* (d. h. ergebnisoffener) Informationsverarbeitung unterschieden (z. B. Kruglanski und Webster 1996; Kunda 1990). Geschlossene Informationsverarbeitung ist auf das Erreichen bzw. Bewahren eines bestimmten Ergebnisses ausgerichtet (auch: need for specific closure, Kruglanski und Webster 1996; motivated reasoning, Kunda 1990). Offene Informationsverarbeitung ist durch das Bedürfnis nach einem möglichst genauen Ergebnis und die Bereitschaft, verschiedene Ergebnisse zu akzeptieren, geprägt.

Die vorgestellten Ausprägungen der Verarbeitungsdimensionen können auf vier verschiedene Arten miteinander kombiniert sein und bilden so als Extrempunkte eines Kontinuums wesentliche Modi der Informationsverarbeitung in Gruppen ab (vgl. Tab. 3.1, die Systematisierung entspricht dem auf Individuen bezogenen Affect Infusion Model von Forgas 1995). Sie ergeben sich aus dem Zusammenspiel aus Merkmalen der Gruppe und ihrer Mitglieder, Situation und Botschaft (vgl. Abschn. 3.2) und befinden sich deshalb im ständigen Wechsel.

Tab. 3.1 Mehrprozess-Modell der Medienrezeption in Gruppen

	Automatisch (= einfach)	**Systematisch** (= aufwendig)
Geschlossen (= festgelegt)	Gemeinsamer Zugriff auf geteilte (bei allen gespeicherte) Informationen	Gemeinsame selektive Verarbeitung zur Erreichung eines Gruppenziels
Offen (= ergebnisoffen)	Gemeinsame Verwendung oberflächlicher Hinweise und Heuristiken	Gemeinsame sorgfältige und sachliche Auseinandersetzung

3.4 Kollektive Verarbeitungsmodi und Vorurteile

Die vier in Abschn. 3.3 vorgestellten Verarbeitungsmodi werden nachfolgend kurz im Einzelnen dargestellt und dabei von individueller auf kollektive Informationsverarbeitung übertragen. Außerdem wird anhand empirischer Ergebnisse gezeigt, wie sich ihre jeweilige Logik auf die Verarbeitung von Botschaften über Outgroups auswirken kann. Grundsätzlich können alle vier Modi zu einer Reduktion oder auch zu einer Verstärkung von Vorurteilen führen – auch wenn einzelne Modi Tendenzen in eine bestimmte Richtung aufweisen.

Automatischer geschlossener Modus

Informationsverarbeitung in einem automatischen Modus findet statt, wenn Menschen wenig kognitive Ressourcen einsetzen wollen oder können. Dies kann z. B. durch geringe Motivation, Ablenkung (etwa durch starke Affekte), Über- oder Unterforderung – in diesem Fall der Gruppe – bedingt sein (z. B. Chaiken et al. 1989; Forgas 1995; Petty und Cacioppo 1986). Der automatische geschlossene Modus setzt zudem bereits bestehende, abgespeicherte Informationen voraus. Er funktioniert auf Individualebene über den einfachen direkten Zugriff auf abgespeicherte und damit von vornherein festgelegte Informationen (direct access bei Forgas 1995). Auf Gruppenebene findet er über den assoziativen Zugriff auf geteilte und damit bereits bei allen Mitgliedern gespeicherte Informationen statt. Die Tendenz von Gruppen, hauptsächlich über bereits allen Mitgliedern bekannte Informationen zu sprechen, ist auch als common knowledge effect bekannt (z. B. Gigone und Hastie 1993; Stasser und Titus 1985).

In Bezug auf Vorurteile wurde beispielsweise auf Individualebene gezeigt, dass Menschen, die vorher ein vorurteilsbeladenes Video über afroamerikanische Personen gesehen hatten, eine afroamerikanische Bewerberin für eine freie Stelle anschließend schneller mit entsprechenden Eigenschaften verbanden – also auf vorher abgespeicherte bzw. aktivierte Informationen zurückgriffen (Givens und Monahan 2005). Vorurteile können auch über längere Zeit fest verankert werden. So wurde z. B. gezeigt, dass unter US-amerikanischen Studierenden Vorurteile über asiatisch-stämmige Menschen verbreitet sind, die deren häufig recht einheitlicher Darstellung in den Medien entsprechen (Zhang 2010). Übertragen auf Gruppen liegt nahe, dass diese bei der Verarbeitung einer Medienbotschaft über Outgroups in einem automatischen geschlossenen Modus verstärkt auf bereits vorhandene Vorurteile zurückgreifen, die von den Gruppenmitgliedern geteilt werden.

Automatischer offener Modus

Ein automatischer offener Modus findet ebenfalls bei geringem Einsatz kognitiver Ressourcen statt, z. B. bei geringer Motivation, Ablenkung (etwa durch starke Affekte), Über- oder Unterforderung. In diesem Fall ist jedoch keine bereits abgespeicherte Information vorhanden, auf die zurückgegriffen werden kann. Stattdessen muss ein Ergebnis in der Situation generiert werden, weshalb dieser Modus ergebnisoffen(er) ist. Er kennzeichnet sich bei Individuen durch die einfache Verwendung oberflächlicher Hinweise und Heuristiken, d. h. einfacher Entscheidungsregeln (z. B. Forgas 1995; Petty und Cacioppo 1986; Tversky und Kahneman 1974). Gruppen können die gleichen Heuristiken wie Individuen verwenden, um Entscheidungen zu treffen (z. B. Argote et al. 1990). Darüber hinaus können sie auf zusätzliche, gruppenspezifische Heuristiken zurückgreifen (z. B. die Orientierung an der Mehrheit oder Meinungsführern, Kerr et al. 1996; Tindale und Kameda 2000).

Im Kontext von Vorurteilen legen etwa implizite Messungen bei Individuen nahe, dass Obamas Präsidentschaftskampagne 2008 durch die Herstellung positiver Assoziationen zu geringeren impliziten negativen Einstellungen gegenüber schwarzen Menschen geführt hat (Plant et al. 2009) – hier wurden also im automatischen Modus anhand oberflächlicher Hinweise wie der Prominenz eines Gruppenmitglieds neue Informationen generiert. Auf Gruppenebene wurde andererseits gezeigt, dass sich Gruppen unter den Bedingungen automatischer offener Informationsverarbeitung stärker von stereotypen Informationen beeinflussen lassen (De Dreu et al. 1999).

Systematischer geschlossener Modus

Voraussetzung für einen systematischen geschlossenen Modus ist die vorherrschende Motivation, ein spezifisches Ergebnis zu erreichen, die häufig durch das menschliche Bedürfnis nach einem positiven Selbstwert begründet ist. Darüber hinaus setzt dieser Modus ausreichende kognitive Ressourcen voraus und kann durch mittelstarke Affekte mit ausgelöst werden. Informationen werden dann aufwendig und selektiv so verarbeitet, dass sie (meist unbewusst) zum gewünschten Ergebnis führen (z. B. Forgas 1995; Kruglanski und Webster 1996; Kunda 1990). In Gruppen erfordert dieser Modus nicht nur ein bestimmtes, sondern ein gemeinsames Ziel (Schulz-Hardt et al. 2000), das sich z. B. aus der gemeinsamen sozialen Identität ergeben könnte (vgl. Abschn. 2.2). Gruppen neigen in diesem Modus dazu, sich selbst zu bestätigen (Schulz-Hardt et al. 2000) und immer extremere Positionen einzunehmen (Polarisierung, Isenberg 1986). Im Extremfall können starke Gruppendynamiken entstehen, die sich durch ausgeprägten Konformitätsdruck, Abgrenzung und Überhöhung der eigenen Gruppe sowie selektive bzw. eingeschränkte Wahrnehmung kennzeichnen (groupthink, Janis 1982; group centrism, Kruglanski et al. 2006).

Bezogen auf Vorurteile wurde gezeigt, dass Menschen bei der Kommunikation in der Gruppe positive Aspekte von Outgroups tendenziell mit konkreten Begriffen und negative Aspekte tendenziell mit abstrakten Begriffen beschreiben. Indem also positive Eigenschaften der Outgroup als Ausnahme und negative Eigenschaften als Regel interpretiert werden, kommt die Gruppe zum gewünschten Ergebnis, das ihre Vorurteile rechtfertigt und bestätigt (Linguistic Intergroup Bias, Maass et al. 1989). Auch Gruppen, die verschiedene Informationen erhielten, die ihren Vorurteilen teils entsprachen und teils im Widerspruch dazu standen, entwickelten durch gemeinsame Diskussionen noch stärkere Vorurteile (Brauer et al. 2001), was auf einen gemeinsamen systematischen geschlossenen Modus bei der Verarbeitung von Informationen über Outgroups hinweist.

Systematischer offener Modus
Informationsverarbeitung in einem klassischen, systematischen offenen Modus setzt eine hohe Motivation zur genauen und ergebnisoffenen Beschäftigung sowie ausreichend kognitive Ressourcen voraus und kann durch gemischte Affekte begünstigt werden (d. h. durch ein Gefühl der Bewegtheit mit positiven wie negativen Aspekten). Unter diesen Umständen setzen sich Menschen aufwendig, sorgfältig, sachlich und deshalb ergebnisoffen mit Informationen und ihrer Qualität auseinander (z. B. Chaiken et al. 1989; Forgas 1995; Lang 2006; Petty und Cacioppo 1986; Bartsch und Schneider 2014). Auf Gruppenebene gibt es spezifische Faktoren wie z. B. verschiedene Meinungen (Nemeth und Kwan 1987), die diesen Modus besonders begünstigen. Eine idealtypische Form systematischer offener Prozesse auf Gruppenebene stellt die demokratische Deliberation, d. h. die gemeinsame, gleichberechtigte, aufeinander bezogene und aufgeschlossene Abwägung von Argumenten, dar (zusammenfassende Definition von Mendelberg 2002; v. a. basierend auf Gutmann und Thompson 1996; Habermas 1990). Durch die Kombination der Ressourcen ihrer Mitglieder können Gruppen sogar

mehr und breitere Aufmerksamkeit, Fähigkeiten, Wissen und Ideen als Individuen einbringen (z. B. Laughlin et al. 2006). Ein Beispiel dafür ist ein großes gemeinsames ‚transaktionales Gedächtnis' (Wegner et al. 1985).

In Verbindung mit Vorurteilen gibt es bisher Studien über deliberative Prozesse *zwischen* Gruppen, die für einen tendenziellen Abbau negativer Einstellungen sprechen (Caluwaerts und Reuchamps 2014; Luskin et al. 2014). Auch *innerhalb* einer Gruppe scheint ein deliberativer Prozess (hier in Form einer geführten Diskussion) zur Reduktion von Vorurteilen führen zu können (Rojas et al. 2005). Dies leuchtet insbesondere vor dem Hintergrund ein, dass die oben genannten Prinzipien von Deliberation (die gemeinsame, gleichberechtigte, aufeinander bezogene und aufgeschlossene Abwägung von Argumenten) im Wesentlichen den von Allport (1954) formulierten idealen Voraussetzungen für Intergruppen-Kontakt entsprechen (gleicher Status, gemeinsame Ziele, Kooperation und Beförderung durch Normen bzw. Autoritäten; vgl. Abschn. 2.4).

Ergebnisse einer explorativen Feldstudie

4.1 Ziel und methodisches Vorgehen

Da die Rezeption von Medienbotschaften über Outgroups in der Ingroup bisher kaum erforscht ist, sollen abschließend die Ergebnisse einer explorativen Feldstudie zu diesem Thema vorgestellt werden. Dazu wurde eine Kombination aus qualitativer Gruppendiskussion und Beobachtung von natürlichen Kleingruppen bei der gemeinsamen Nutzung und Verarbeitung einer Medienbotschaft über eine Outgroup durchgeführt.

Als exemplarische und den Teilnehmenden vorher relativ unbekannte Outgroup wurden intersexuelle Menschen gewählt[1]. Diese weisen Besonderheiten oder Störungen der Geschlechtsentwicklung auf, sodass ihre Geschlechtsmerkmale auf Ebene der Chromosomen, Keimdrüsen und/oder Geschlechtsorgane nicht übereinzustimmen scheinen (Ainsworth 2015). Betroffene sind bis heute mit der Tabuisierung und Stigmatisierung ihrer körperlichen Besonderheiten und mit Diskriminierung konfrontiert, die umstrittene geschlechtszuweisende Operationen an Kleinkindern beinhaltet (Liao und Simmonds 2014; Wunder 2012). Als Medien-Stimulus wurde die auf ca. 20 min gekürzte Dokumentation „Tabu Intersexualität – Menschen

---

[1]Im Folgenden ist wie in der TV-Dokumentation selbst von ‚intersexuellen' Menschen die Rede. Der medizinische Fachbegriff lautet ‚disorders of sex development' (DSD), wobei Psycholog_innen für die weniger normativ erscheinende Bezeichnung ‚diverse sex development' plädieren (Liao und Simmonds 2014). Ältere Begriffe wie ‚Zwitter' oder ‚Hermaphrodit' werden zunehmend als diskriminierend abgelehnt. Auch die Begriffe ‚Intersexualität' bzw. ‚Zwischengeschlechtlichkeit' stehen z. B. bei Betroffenen, die sich klar einem Geschlecht zuordnen lassen und nur in ihrem Erscheinungsbild abweichen, in der Kritik (Wunder 2012).

© Springer Fachmedien Wiesbaden GmbH, ein Teil von Springer Nature 2019   21
J. Schindler und A. Bartsch, *Vorurteile – Medien – Gruppen*, essentials,
https://doi.org/10.1007/978-3-658-23218-4_4

zwischen den Geschlechtern" eingesetzt, die 2010 auf arte ausgestrahlt wurde. Sie beleuchtet die Situation intersexueller Menschen und ihrer Angehörigen anhand von Fallbeispielen und geht auf den aktuellen Wissensstand sowie den gesellschaftlichen Kontext des Themas ein.

Als Teilnehmergruppen wurden vier natürliche Kleingruppen mit insgesamt 16 Teilnehmenden ausgewählt, die ein breites Spektrum an Beziehungen und soziodemografischen Merkmalen abdeckten (vgl. Tab. 4.1). Der Ablauf der Untersuchung beinhaltete eine kurze Begrüßung durch die Forscherin und an die gesamte Gruppe gerichtete Fragen zu ihrer Einstellung gegenüber Transgendern und intersexuellen Menschen. Nach einer kurzen Instruktion verließ die Forscherin den Raum, sodass die Gruppen ungestört die TV-Dokumentation ansehen und sich anschließend 10–15 min frei unterhalten konnten. Abschließend stellte die Forscherin noch einmal Fragen zu den Einstellungen der Gruppen und ihren gemeinsamen Verarbeitungsprozessen.

Es wurden ein natürliches und vertrautes Setting in privaten Wohnzimmern und ein zurückhaltender und wertfreier Moderationsstil gewählt, um Effekte sozialer Erwünschtheit möglichst gering zu halten. Die Gruppenprozesse wurden nach Zustimmung der Teilnehmenden unauffällig per Video aufgezeichnet, anonymisiert transkribiert und anhand eines deduktiv wie induktiv hergeleiteten Kategoriensystems qualitativ ausgewertet.

Tab. 4.1 Merkmale und Zusammensetzung der Teilnehmergruppen (4 × 4 Mitglieder)

	Gruppe 1: „Gesprächsrunde"	Gruppe 2: „Fußballteam"	Gruppe 3: „Berufliches Netzwerk"	Gruppe 4: „Seniorenpaare"
Gruppen-beziehung	Freundinnen	Freunde, zwei Brüder	Kolleg_innen	Nachbarn, Ehepaare
Dauer	30 Jahre	20 Jahre	Fünf Jahre	Ein Monat
Alter	56–59	23–27	46–51	75–79
Geschlecht	Weiblich	Männlich	Gemischt	Gemischt
Bildung	Gemischt	v. a. Nicht-Akademiker	Akademiker_innen	Gemischt

4.2 Verarbeitungsmodi

An den Gesprächen der Gruppen lässt sich gut zeigen, wie sie ausgehend von einem Mindestmaß an inhaltlichen und motivationalen Überschneidungspunkten (Social Sharedness, vgl. Abschn. 3.2) die Beiträge ihrer Mitglieder kommunikativ verbanden. Dieser kollektive Verarbeitungsprozess prägte wiederum die Vorurteile der Gruppe und ihrer Mitglieder. Dabei wiesen die Gesprächssequenzen häufig Merkmale der in den Abschn. 3.3 und 3.4 dargestellten Verarbeitungsmodi auf, die bisher vornehmlich aus der Forschung zu individueller Informationsverarbeitung bekannt sind und im Folgenden kurz an Gesprächsbeispielen veranschaulicht werden.

Im folgenden Beispiel für den *automatischen geschlossenen Modus* (vgl. Abschn. 3.4) verarbeitet die Gruppe „Seniorenpaare"[2] Informationen durch den gemeinsamen assoziativen Zugriff auf bei allen Gruppenmitgliedern gespeicherte Informationen zu Prominenten, die sich geoutet haben:

Herr Meier	…und seitdem kommt das mit dem, wie sagt man *(wedelt mit der Hand)*, mit dem Outen, ja…
Frau Fischer	…immer mehr…
Herr Meier	…der Wowereit…
Frau Fischer	…Wowereit…
Herr Meier	…und der, der (undeutlich)…
Frau Fischer	…Fußballspieler, oder, ja, ja…
Herr Meier	…ja! (undeutlich) seine Karriere, der hat sich vorher auch nicht getraut, und der, na, von der FDP…
Frau Fischer	…wie heißt er denn, der…
Frau Meier	…der gestorben ist…
Herr Meier	…der ist jetzt gestorben, der ist ja gleich mit seinem angeheirateten…
Frau Fischer	…Freund…
Herr Meier	…Freund ist der in arabische Länder gereist und sowas…
Frau Meier	…äh, äh, Westerwelle!

Das nächste Beispiel aus der Gruppe „Fußballteam" zeigt einen *automatischen offenen Modus* (vgl. Abschn. 3.4), in dem die Teilnehmenden das Gesehene

---

[2]Die Namen der Teilnehmenden wurden in diesem und allen folgenden Beispielen geändert.

gemeinsam anhand oberflächlicher Hinweise verarbeiten (d. h. die sexuelle Orientierung als einfachen Hinweis auf die Geschlechtsidentität verwenden und komplexere Informationen aus der gerade gesehenen Dokumentation unberücksichtigt lassen):

Yannick	... weißt du was ein Problem ist? Wenn die jetzt, die, die merkt jetzt irgendwann mit 14 als Mädel, sie steht auf Jungs.
Philipp	Mit 14?
Yannick	Ja, oder mit 13.
Philipp	Ja, ok.
Yannick	Auf jeden Fall würde man dann denken, das ist ein Mädchen...
Philipp	...ja...
Yannick	...aber wenn es ein Schwuler ist...
Daniel	...schwul ist.
Yannick	...dann hast du ein doppeltes Problem.
Gruppe	*(kurze Pause) (...) (Alle reden durcheinander)*

Ein *systematischer geschlossener Modus* (vgl. Abschn. 3.4) lässt sich am folgenden Beispiel aus der Gruppe „Berufliches Netzwerk" veranschaulichen. Hier entwickelt die Gruppe gemeinsam Argumente, die ihre anfängliche Position bestätigen und die Gruppe tendenziell hin zu einer negativeren Einstellung gegenüber einer intersexuellen Protagonistin aus der Dokumentation polarisieren:

Martina	Eher negative Gefühle, oder, äh, so einen Nachgeschmack hat das eben hinterlassen, die Geschichte von der Frau mit Hut [*Anmerkung: Die Geschichte einer Frau mit intersexuellen Merkmalen, der ohne ausreichende Aufklärung intakte weibliche Geschlechtsorgane entnommen wurden*], ja, weil die mir auch so...
Thomas	...das war aber auch so eine depressive Stimmung, also, also...
Martina	...*(zustimmend)* das war depressiv, fand ich auch...
Katrin	...ja...
Thomas	...das war sehr, sehr-, sehr, sehr traurig und so, äh, am Schluss gesagt hat, ihr hat man 30 Jahre ihres Lebens genommen (...)...
Martina	...irgendwie, ja, weil ich mir auch denke mein Gott, äh, trotzdem war ja, waren ja die letzten 30 Jahre bestimmt auch nicht ganz schlecht...
Katrin	...mhm. Und ja, es ist ja die Frage, warum sie das jetzt nach diesen langen, nach dieser langen Zeit eigentlich erst dann angegangen hat, dass das jetzt so-, war auch ein bisschen eigenartig...

Schließlich zeigt ein Beispiel für einen *systematischen offenen Modus* (vgl. Abschn. 3.4) aus der Gruppe „Gesprächsrunde", wie die Mitglieder die rezipierten Informationen systematisch und sachlich miteinander verknüpfen und so die Kernbotschaft der Dokumentation trotz mehrfacher Sprecherwechsel prägnant und flüssig zusammenzufassen:

Birgit   Es geht einfach darum in der Doku, dass es halt Menschen gibt, die nicht eindeutig Mann oder Frau sind, oder Mädchen oder Junge…

Astrid   …mhm…

Birgit   …sondern dass es dazwischen halt solche (*überlegt kurz*)…

Monika   …Facetten…

Birgit   …Facetten gibt, ja, körperlich bedingt, psychisch bedingt und, und dass die Gesellschaft irgendwo noch nicht weiß, wie sie damit umgehen kann…

Monika   …dargestellt an einer Familie in Holland, die ein Kind haben, das verschiedene Geschlechtsmerkmale hat, und einer Frau, die zwangsoperiert wurde und dagegen geklagt hat.

Insgesamt zeigt sich, dass sich die verschiedenen Verarbeitungsmodi durch das Zusammenwirken verschiedener Individuen in ständigen dynamischen Wechseln befinden. Diese können von einzelnen oder mehreren Mitgliedern angestoßen werden und zur Verstärkung oder Abschwächung eines Modus und/oder zum Wechsel in einen anderen Modus führen. Ein typisches Beispiel sind gemeinsame Witze, die in allen Gruppen in kürzester Zeit einen anspruchsvollen, systematischen Verarbeitungsprozess beenden und einen entspannten automatischen Modus in den Vordergrund rücken konnten – was teils von ernsthaften Themen ablenken, teils aber auch zur Auflockerung oder als Pause funktional für weitere anspruchsvollere Sequenzen sein konnte.

4.3   Gesprächsinhalte und Vorurteile

Um einen Überblick über die Verarbeitungsprozesse in den Gruppen zu bekommen, soll als Nächstes ein kurzer Überblick über deren Inhalte und die damit verbundenen Vorurteile gegeben werden. Dazu wird zum einen auf das Themenspektrum und die Bezugspunkte der Gruppengespräche eingegangen und zum anderen auf die in den Gruppen vorhandenen Vorurteile und ihre Veränderung im Verlauf der Erhebung.

Themenspektrum und Bezugspunkte

Die Verarbeitungsprozesse der Gruppen waren durch eine große Vielfalt an Inhalten gekennzeichnet, die so erst durch das Zusammenwirken ihrer verschiedenen Mitglieder möglich wurde. So deckten alle Gruppe ein äußerst breites *Themenspektrum* ab, das in Grundzügen von der gesehenen Dokumentation angestoßen wurde, aber auch deutlich darüber hinausging. Es reichte – mit unterschiedlichen Schwerpunkten – bei allen Gruppen von den wissenschaftlichen Hintergründen geschlechtlicher Vielfalt (z. B. körperliche und psychische Aspekte, Verbreitung) über konkrete Auswirkungen auf Betroffene und ihr Umfeld (z. B. geschlechtsangleichende OPs, soziale Wahrnehmung, Diskriminierung und weitere Probleme Betroffener) bis hin zu übergreifenden gesellschaftlichen Zusammenhängen (z. B. rechtliche Lage, historische Entwicklung, aktueller Geschlechter-Diskurs).

Dabei bezogen sich die Teilnehmergruppen auf verschiedene *Out- und Ingroups*: Neben intersexuellen Menschen, um die sich die gesehene TV-Dokumentation eigentlich drehte, übertrugen sie die jeweiligen Gesprächsthemen auf weitere durch Geschlecht oder sexuelle Orientierung definierte Gruppen wie Transgender, Homosexuelle und Frauen und Männer. Die verschiedenen Out- und Ingroups wurden meist in Form von *Fallbeispielen* angesprochen, die bei der gemeinsamen Verarbeitung des gesehenen Beitrags eine zentrale Rolle spielten. *Quellen* solcher Fallbeispiele und weiterer Informationen waren meist der Beitrag selbst, aber auch andere Medieninhalte und häufig das persönliche Umfeld der Teilnehmenden. Insgesamt bezogen sich die Gruppen häufig auf ihre jeweilige *Lebenswelt* und stellten so entweder Nähe her (z. B. indem sie überlegten, wie es wäre, wenn eigene Freund_innen oder Familienmitglieder gemischte Geschlechtsmerkmale hätten) oder Distanz (z. B. indem sie betonten, dass das Thema in ihrem eigenen Leben keine Rolle spielte und sie keinen Kontakt zu Betroffenen hätten).

Vorurteile und ihre Veränderung

In allen Gruppen wurden – unterschiedlich stark ausgeprägt – Vorurteile gegenüber durch Geschlecht oder sexuelle Orientierung definierten Outgroups geäußert. Dies geschah z. B. durch *explizite Äußerungen* (z. B. „passt nicht"), die Beschreibung entsprechender *Gefühle* (z. B. „komisch"), eine distanzierte und/ oder abwertende *Wortwahl* (z. B. „sowas"), die *Zuordnung bestimmter Eigenschaften* (z. B. positiv, dass Homosexuelle „sehr kinderlieb" seien und negativ, dass sie eine psychische Störung hätten), und verschieden stark abwertende *Witze und die Reaktionen darauf*. Teils erkannten die Teilnehmenden auch ihre Vorurteile und reflektierten diese gemeinsam. Dabei zeigten sowohl die Gruppen als Ganzes als auch einzelne Mitglieder widersprüchliche, d.h. gleichzeitig positive und negative Einstellungen gegenüber Outgroups (vgl. Abschn. 2.3).

Im Verlauf der gemeinsamen Verarbeitungsprozesse des TV-Beitrags ließ sich in der Gesamtbilanz eine Reduktion von Vorurteilen beobachten. Diese Veränderungen waren mitunter beeindruckend, z. B. äußerten Teilnehmende von sich aus Interesse an Kontakt mit intersexuellen Menschen oder hinterfragten ihre eigenen geschlechtlichen Identitäten. Gleichzeitig blieben bis zum Schluss aber auch dazu widersprüchliche negative Einstellungen gegenüber denselben Outgroups bestehen.

Die Entwicklung zu insgesamt positiveren Einstellungen äußerte sich in verschiedener Weise: Zum einen fand häufig eine Veränderung der *Differenzierung zwischen Outgroups* statt, sodass Outgroups nun sensibler miteinander verglichen (z. B. in Bezug auf ihre Probleme in der Gesellschaft) und voneinander unterschieden wurden (z. B. indem zwischen geschlechtlicher Identität und sexueller Orientierung unterschieden wurde). Dabei handelt es sich somit um *Re- bzw. Dekategorisierungsmechanismen* (vgl. Abschn. 2.4). In diesem Zusammenhang trat mitunter auch ein *Secondary Transfer Effect* auf (vgl. Abschn. 2.4), also die Übertragung positiverer Einstellungen von einer Outgroup (in diesem Fall intersexuellen Menschen) auf eine weitere Outgroup (meist transsexuelle Menschen). Weiterhin veränderte sich mitunter die *Differenzierung zwischen In- und Outgroup,* und einhergehend mit positiveren Einstellungen gegenüber Outgroups fand *Ingroup Reappraisal,* also die Neubewertung der Eigengruppe, statt (vgl. Abschn. 2.4). Das folgende Beispiel zeigt, wie die Gruppe „Berufliches Netzwerk" In- und Outgroup dekategorisiert (d. h. individuelle Identitäten betont), rekategorisiert (d. h. auch sich selbst als Menschen mit vielfältig ausgeprägten geschlechtlichen Identitäten einordnet) und auf diese Weise ihre Ingroup neu bewertet:

Peter …ich bin dann vielleicht auch kein so eindeutiger Mann *(lacht)*

Thomas *(lacht)*

Martina Ja eben, vielleicht seid ihr auch- *(lacht)* (…) Also ohne euch zu nahe treten zu wollen *(lacht).* Nein, aber, *(wieder ernster)* vielleicht lässt sich das einfach auch nicht so *(deutet in verschiedene Richtungen)* in Schubladen…

Thomas …also was ich mir während dem Film auch gedacht habe, ähm, weil es ja dann immer um die Entscheidung ging (…) und ich fand da, vielleicht ist das ja so, dass man sich, was weiß ich, heute als Frau, morgen als Mann fühlt (…) in der Situation bin ich eher Frau, in der Situation bin ich dann doch eher Mann oder vielleicht doch irgendwo was dazwischen, also so dieses, das kommt ja von unserem Rollenverständnis, so dieses Schubladendenken *(deutet in verschiedene Richtungen)*…

Katrin …ja (…) während der Schwangerschaft ist es ja auch so, dass du dann noch mehr weibliche Hormone hast und deswegen auch dann eben manche Sachen noch ausgeprägter sind, das ist schon so…

Schließlich zeigte sich anhand der Gespräche, dass die Reduktion von Vorurteilen auf Gruppenebene wie auf Individualebene schrittweise über die Zeit *(bookkeeping)*, abrupt *(conversion)* und/oder nur teilweise durch die Bildung von Subtypen *(subtyping)* möglich ist (vgl. Abschn. 2.4).

4.4   Besondere Einflussfaktoren und Mechanismen

Als Letztes soll auf besondere Einflussfaktoren auf und Mechanismen bei der Rezeption des TV-Beitrags über eine Outgroup bei den Teilnehmergruppen eingegangen werden. Dazu wird die Rolle von Normen, parasozialem Kontakt und Empathie sowie Wissen und Deliberation erläutert. Diese Punkte liefern jeweils eine Idee, wie bestimmte Aspekte der Botschaft mit Verarbeitungsmodi von Gruppen zusammenwirken und die Vorurteile der Gruppe beeinflussen können.

Normen
In allen Gruppenprozessen waren soziale Normen von großer Bedeutung. Je nach Gruppe variierte ihr genauer *Inhalt,* wobei gesellschaftlich verbreitete – und teils widersprüchliche – Normen wie z. B. Toleranz vs. Normalität bzw. Zuordenbarkeit in allen Gruppen vorkamen. Die *Äußerung* sozialer Normen geschah auf vielfältige Art und Weise: Neben expliziten Benennungen ließen sich Normen an Unsicherheit bei Formulierungen, der Rechtfertigung von Aussagen oder Humor (z. B. um eine Norm zu testen) erkennen, außerdem an Reaktionen anderer wie Widerspruch oder das kollektive ‚Geradebiegen' eines Normverstoßes.

Normen bildeten – soweit sie in der Gruppe bereits bestanden – einerseits feste *Rahmenbedingungen* für die gemeinsame Verarbeitung des TV-Beitrags. Sie prägten die Gruppenprozesse dann eher in einem geschlossenen Verarbeitungsmodus (vgl. Abschn. 3.4). Dabei ließen sich auf Gruppenebene ähnlich wie auf Individualebene (vgl. Abschn. 2.3) Widerstreit, Unterdrückung und Rechtfertigung von Einstellungen gegenüber Outgroups beobachten, die auf Normen basierten. Wie oben gezeigt ließen sich in manchen Teilnehmergruppen bis zum Schluss Tabuisierung oder negative Äußerungen über intersexuellen Menschen beobachten. Das spricht dafür, dass der Einfluss bereits existierender Normen wie z. B. Normalität teils stärker war als der – deutlich erkennbare – Einfluss der gemeinsamen verarbeiteten Medienbotschaft. Im folgenden Beispiel aus der Gruppe „Seniorenpaare" wird dies deutlich. Außerdem lässt sich beobachten, wie Humor eingesetzt wird, um einen Verstoß gegen eine soziale Norm (hier: Toleranz) zu testen und wie ein Normverstoß (hier: eine *zu* abwertende Formulierung) von einem anderen Gruppenmitglied ‚geradegebogen' wird:

Frau Fischer	[*über Transgender*] dann stimmt das im Kopf nicht, täte ich sagen…
Herr Fischer	…ja, oder früher hat man gesagt „der hat einen Vogel" *(lacht)*…
Frau Fischer	…*(lacht)* ja. *(Wieder ernst)* So, oder so, kann man jetzt vielleicht nicht so ausdrücken, aber irgendwas *(deutet auf ihren Kopf)*, äh, *(lacht wieder)* stimmt da nicht.
Frau Meier	*(lacht)*

Andererseits entstanden sozialen Normen auch neu als *Ergebnis* eines Aushandlungsprozesses. Die gemeinsame Entwicklung von neuen Normen fand in einem eher offenen Verarbeitungsmodus statt und ließ sich in der Untersuchung besonders gut beobachten, da intersexuelle Menschen eine für die Teilnehmergruppen weitgehend neue Outgroup waren. Dabei schien soziales Lernen anhand von Fallbeispielen bzw. parasozialem Kontakt eine Rolle zu spielen, da sich alle Gruppen mit normativ aufgeladenen sozialen Schlüsselsituationen beschäftigten, die den Umgang des sozialen Umfelds mit einem Outgroup-Mitglied zeigten. Zudem konnten sich neue Normen aus deliberativen (d. h. offenen systematischen) Prozessen entwickeln (vgl. Abschn. 3.4): Aufbauend auf Informationen und Beobachtungen aus dem Beitrag hinterfragten die Gruppen mitunter nicht nur bestehende Normen, sondern handelten gemeinsam auch neue Normen aus. Aus ihrem neuen Wissen über Entstehung und Verbreitung intersexueller Merkmale zogen sie z. B. den Schluss, dass die betroffenen Menschen tatsächlich existieren, „nichts dafür können" und ihre Bedürfnisse deshalb berücksichtigt werden sollten.

Parasozialer Kontakt und Empathie

Ein weiterer zentraler Faktor in den Gruppenprozessen waren parasozialer Kontakt und damit verbunden Empathie. Einige *Schlüsselsituationen und -figuren* aus dem Beitrag beschäftigten alle Teilnehmergruppen. Dabei ging es jeweils um den Umgang des sozialen Umfelds (z. B. von Familie, Peergroup oder Ärzt_innen) mit einem Outgroup-Mitglied. Außerdem handelte es sich immer um positiv oder negativ besonders herausragende Situationen wie z. B. besonders bewegende oder schockierende Reaktionen auf intersexuelle Menschen (s. o. im Zusammenhang mit sozialem Lernen und Normen). Schließlich entpuppten sich insbesondere ein intersexuelles Kind und seine Familie als Schlüsselfiguren, die in allen Gruppen häufig und ausführlich thematisiert wurden. Die Konzepte ‚Kind' und ‚Familie' schienen den Teilnehmenden besonders sympathisch und vertraut, sodass sie einen Bezug zu ihrer Lebenswelt herstellen konnten.

Die Aussagen der Gruppen sprechen dafür, dass die Möglichkeit zur *Identi-fikation* mit Protagonist_innen entscheidend zu positivem parasozialen Kontakt beiträgt. Wenn sie sich anhand eines bestimmten Merkmals oder in einer bestimmten Rolle identifizieren konnten, beschäftigten sie sich umfassender und auch aufgeschlossener und positiver mit der thematisierten Outgroup. Diese Beobachtung unterstreicht die Bedeutung sozialer Identität für Vorurteile (vgl. Abschn. 2.2) und Gruppenprozesse (vgl. Abschn. 3.2). Mindestens so wirkungsvoll wie die direkte Verbindung mit einem Outgroup-Mitglied durch eine gemeinsame Identität (z. B. als junger Mensch) war dabei der *indirekte* parasoziale Kontakt vermittelt durch eine gemeinsame Identität mit Angehörigen des Outgroup-Mitglieds (z. B. als Elternteil). Die Identifikation schien den Gruppen in diesem Fall besonders leicht zu fallen.

Verbunden mit der Identifikation mit Protagonist_innen aus dem Beitrag ließen sich häufig gemeinsame Perspektivübernahme und *Empathie* beobachten. Auf kognitiver Ebene versetzten sich die Gruppen in die Situation der Betroffenen, indem sie z. B. über Probleme von Betroffenen sprachen oder das Thema auf ihre eigene Lebenswelt übertrugen. Auf emotionaler Ebene zeigten sie Mitgefühl, indem sie z. B. empört waren, wenn ein Outgroup-Mitglied aus dem Beitrag diskriminiert wurde oder Bewunderung für positive Reaktionen des sozialen Umfelds äußerten. So konnte ein offener systematischer Verarbeitungsprozess zustande kommen (vgl. Abschn. 3.4), in dem die Gruppe ein Bewusstsein für die Situation und Bedürfnisse der Outgroup-Mitglieder entwickelte und negative Einstellungen abbaute. Auch Empathie mit Angehörigen eines Outgroup-Mitglieds (s. o.) schien dazu beizutragen, indem die Gruppen so die positiven Gefühle der Angehörigen für das Outgroup-Mitglied (z. B. der Eltern) übernahmen. Im folgenden Beispiel aus der Gruppe „Berufliches Netzwerk" bezieht sich die Gruppe auf eine Szene aus dem Beitrag, in dem eine Mutter mit ihrem intersexuellen Kind Badekleidung kaufen will und übernimmt gemeinsam deren Perspektive:

Katrin	(...) Ich kann mir schon vorstellen, dass das einen unglaublich verunsichert immer wieder, wenn man halt da ständig drauf gestoßen wird, sich da immer zu outen oder zu rechtfertigen und so. (...)
Thomas	...Ja vor allem dieses ständige Entscheiden-Müssen, „was tu ich jetzt da?" (...) das fängt ja schon beim Einkaufen an *(deutet auf den Fernseher)*, „in welche Kleiderabteilung gehe ich, gehe ich jetzt zu den Männern, gehe ich zu den Frauen, wenn ich auf die Toilette gehe, wo gehe ich jetzt da hin"...
Katrin	...ja, man muss sich ständig (undeutlich)...

Thomas …man muss sich STÄNDIG entscheiden „was bin ich jetzt da" *(deutet in beide Richtungen).* Da gibt es keine dritte Tür, da gibt es keine dritte Tür, wo man durchgehen kann.

Martina Ja, ich glaub schon, dass die einem wahnsinnigen Druck ausgesetzt sind…

Peter …ja, sicherlich…

Wissen und Deliberation

Die Gruppen waren auch in der Lage, auf Basis der Medienbotschaft ihr Wissen über Outgroups zu vergrößern und sich in einem deliberativen Prozess mit der Thematik zu beschäftigen. In diesen Fällen handelte es sich vornehmlich um einen offenen systematischen Modus, in dem sie den Beitrag effektiv, reflektiert und/oder kreativ verarbeiteten (vgl. Abschn. 3.4).

Dies beinhaltete auf Wissensebene zunächst einmal das gemeinsame *Lernen* neuer Informationen über durch Geschlecht und sexuelle Orientierung definierte Outgroups und insbesondere intersexuelle Menschen. Die Gruppenmitglieder unterstützten sich gegenseitig beim Verständnis der TV-Dokumentation, indem sie z. B. Fragen beantworteten und ihren Informationsstand miteinander abglichen. Einige Teilnehmergruppen zeigten ein über die Untersuchung hinausgehendes *Interesse* am Thema Intersexualität bzw. Vielfalt von Geschlecht. Sie dachten z. B. über weitere Informationsquellen nach oder überlegten, aus Neugierde selbst Geschlechtsidentitätstests zu machen.

Im Sinne eines eher deliberativen Prozesses ließ sich das gemeinsame *Hinterfragen* gesellschaftlicher Strukturen und Normen (s. o.) beobachten. In diesem Zusammenhang zeigten die Gruppen mitunter ein hohes Maß an *Kreativität* bei der Suche nach Lösungen für Probleme der Outgroup: Die Gruppe „Seniorenpaare" überlegte z. B. inspiriert vom Prinzip der doppelten Staatsbürgerschaft, dass Kinder mit intersexuellen Merkmalen eine doppelte Geschlechtsangabe bekommen könnten, bis sie sich möglicherweise für ein Leben als Frau oder Mann entscheiden wollten. Im nächsten Beispiel entwickelten sie eine pragmatische Idee, wie Menschen mit uneindeutigem Geschlecht die Nutzung expliziter Damen- oder Herrentoiletten vermeiden könnten, entkräfteten so einen Einwand gegen berufliche Gleichberechtigung und lösten außerdem die scheinbar unüberwindbare Zuordnung von Geschlecht und Toiletten auf:

Herr Meier	...[*zum Thema Gleichbehandlung intersexueller Menschen im Beruf*] jaja, *(lacht)* die Probleme für die Leute kommen erst später, wenn sie in einer Firma sind und da gibt es bloß Klos, Toiletten für er und für sie, nicht? Und da müsste man die Regel da von den Unisex-Toiletten...
Frau Meier	...es gibt ja jetzt auch Toiletten für Rollstuhl und dann geht man halt da rein (...) das ist doch üblich jetzt, dass es überall Behindertentoiletten gibt.
Frau Fischer	Wenn wir mit dem Bus unterwegs sind oder wie auch immer und die Damenklos *(deutet in die Höhe)* sind ja meistens überfüllt...
Herr Meier	...jaja...
Frau Meier	...da geht man ins Herrenklo...
Frau Fischer	...*(macht eine unterstreichende Handbewegung)* ins Herrenklo...

Schließlich lässt sich Deliberation besonders gut an der kooperativen und aufgeschlossenen *Abwägung* von Argumenten erkennen. Im folgenden Beispiel aus der Gruppe „Gesprächsrunde" wird deutlich, wie die Gruppe gemeinsam über verschiedene Argumente reflektiert und sich eine Teilnehmerin dadurch sogar zur Abkehr von ihrer anfangs festen Position überzeugen lässt:

Moderatorin	(...) Würdet ihr sagen, dass man die Situation von (...) [*transsexuellen*] Menschen mit intersexuellen Menschen vergleichen kann?
Monika	*(bestimmt)* Nein. Ich würde nein sagen.
Gruppe	*(Kurze Pause)*
Birgit	Ja, schon, insoweit als die Betroffenen nicht wissen, also sich nicht zu einem Geschlecht eindeutig zugehörig fühlen. Insofern schon.
Renate	Aber wenn sie im anderen Geschlecht sein wollen, dann wissen sie es aber doch.
Birgit	Ja, aber körperlich sind sie anders, insofern haben sie den Konflikt schon ständig.
Astrid	Doch, den haben sie ständig, würde ich sagen...

Monika   Das stimmt, ja. (...) Wenn man sagt es hängt an den Geschlechtsteilen, es hängt an den Hormonen und es hängt am Gehirn (*zählt die Punkte mit den Fingern auf*), dann haben die, die sich umwandeln lassen wollen und ein eindeutiges Geschlecht haben, also nur im Gehirn sozusagen ein anderes Geschlecht...

Birgit   ...genau, ja, genau...

Monika   ...genau, die beiden anderen Faktoren sind dem Geschlecht zuzuordnen (...) (*Pause*) (*zur Moderatorin*) Also ich revidiere mein Nein am Anfang

Fazit 5

Es wurde deutlich, wie sehr sowohl Vorurteile als auch Medienrezeption in Gruppen durch und durch soziale Phänomene sind, die in der modernen Mediengesellschaft häufig zusammenspielen. Die gemeinsame Rezeption auf Outgroups bezogener Botschaften in der Ingroup ist eine relevante Alltagssituation, die Vorurteile gegenüber verschiedensten Gruppen beeinflussen kann – und so längerfristig menschliches Zusammenleben von unmittelbaren Interaktionen bis hin zu globalen Kontexten prägt. Dabei handelt es sich um einen immer noch wenig untersuchen, komplexen und häufig widersprüchlichen Prozess. Das vorliegende Essential liefert dazu theoretische Grundlagen, methodische Ansatzpunkte und empirische Ergebnisse. Diese können für weitere Forschung genutzt, aber z. B. auch in der Praxis angewandt werden, um die Beziehungen zwischen gesellschaftlichen Gruppen zu verbessern.

© Springer Fachmedien Wiesbaden GmbH, ein Teil von Springer Nature 2019

J. Schindler und A. Bartsch, *Vorurteile – Medien – Gruppen*, essentials,

https://doi.org/10.1007/978-3-658-23218-4_5

Was Sie aus diesem *essential* mitnehmen können

- Vorurteile sind überwiegend negative Einstellungen gegenüber Outgroups, die eine affektive, kognitive und behaviorale Komponente haben und u. a. durch die eigene soziale Identität als Mitglied der Ingroup bedingt sind.
- Medienrezeption findet häufig in Gruppen statt, die dann ein eigenes informationsverarbeitendes System bilden. Wie Einzelpersonen können auch Gruppen Informationen in verschiedenen Verarbeitungsmodi (automatisch oder systematisch, offenen oder geschlossenen) verarbeiten.
- Sowohl Vorurteile als auch Medienrezeption in Gruppen werden durch Faktoren wie soziale Identität, Normen und das Zusammenspiel aus Affekten, Kognitionen und Motivationen geprägt.
- Die Verarbeitung auf Outgroups bezogener Medienbotschaften in der Ingroup ist ein vielfältiger und integrativer Prozess, der durch verschiedene Verarbeitungsmodi und Inhalte geprägt ist und Vorurteile verändern kann.
- In diesem kollektiven Prozess können bedingt durch die Beschaffenheit der Botschaft und der Gruppe Normen, parasozialer Kontakt und Empathie sowie Wissen und Deliberation besonders einflussreich sein.

© Springer Fachmedien Wiesbaden GmbH, ein Teil von Springer Nature 2019
J. Schindler und A. Bartsch, *Vorurteile – Medien – Gruppen*, essentials,
https://doi.org/10.1007/978-3-658-23218-4

Literatur

Ainsworth, C. (2015). Sex redefined. *Nature, 518*,288–291. https://doi.org/10.1038/518288a.

Allport, G. W. (1954). *The nature of prejudice*. Cambridge: Addison-Wesley.

Altemeyer, B. (1981). *Right-wing authoritarianism*. Winnipeg: University of Manitoba Press.

Argote, L., Devadas, R., & Melone, N. (1990). The base-rate fallacy: Contrasting processes and outcomes of group and individual judgment. *Organizational Behavior and Human Decision Processes, 46*(2), 296–310. https://doi.org/10.1016/0749-5978(90)90034-7.

Bartsch, A., & Schneider, F. M. (2014). Entertainment and politics revisited: How non-escapist forms of entertainment can stimulate political interest and information seeking. *Journal of Communication, 64*(3), 369–396. https://doi.org/10.1111/jcom.12095.

Bobbio, L. (2010). Types of deliberation. *Journal of Public Deliberation, 6*(2), 1–24.

Brauer, M., Judd, C. M., & Jacquelin, V. (2001). The communication of social stereotypes: The effects of group discussion and information distribution on stereotypic appraisals. *Journal of Personality and Social Psychology, 81*(3), 463–475. https://doi.org/10.1037/0022-3514.81.3.463.

Brown, L. M., Bradley, M. M., & Lang, P. J. (2006). Affective reactions to pictures of ingroup and outgroup members. *Biological Psychology, 71*(3), 303–311. https://doi.org/10.1016/j.biopsycho.2005.06.003.

Caluwaerts, D., & Reuchamps, M. (2014). Does inter-group deliberation foster inter-group appreciation? Evidence from two experiments in Belgium. *Politics, 34*(2), 101–115. https://doi.org/10.1111/1467-9256.12043.

Chaiken, S., Liberman, A., & Eagly, A. H. (1989). Heuristic and systematic processing within and beyond the persuasion context. In J. S. Uleman & J. A. Bargh (Hrsg.), *Unintended thought* (S. 212–252). New York: Guilford Press.

Crandall, C. S., & Eshleman, A. (2003). A justification-suppression model of the expression and experience of prejudice. *Psychological Bulletin, 129*(3), 414–446. https://doi.org/10.1037/0033-2909.129.3.414.

Crandall, C. S., Eshleman, A., & O'Brien, L. (2002). Social norms and the expression and suppression of prejudice: The struggle for internalization. *Journal of Personality and Social Psychology, 82*(3), 359–378. https://doi.org/10.1037//0022-3514.82.3.359.

© Springer Fachmedien Wiesbaden GmbH, ein Teil von Springer Nature 2019

J. Schindler und A. Bartsch, *Vorurteile – Medien – Gruppen*, essentials,

https://doi.org/10.1007/978-3-658-23218-4

Cuddy, A. J., Fiske, S. T., Kwan, V. S., Glick, P., Demoulin, S., Leyens, J., et al. (2009). Stereotype content model across cultures: Towards universal similarities and some differences. *British Journal of Social Psychology, 48*(1), 1–33. https://doi.org/10.1348/014 466608X314935.

De Dreu, C. K. W., Koole, S. L., & Oldersma, F. L. (1999). On the seizing and freezing of negotiator inferences: Need for cognitive closure moderates the use of heuristics in negotiation. *Personality and Social Psychology Bulletin, 25*(3), 348–362. https://doi.org /10.1177/01461672990225003007.

De Dreu, C. K. W., Nijstad, B. A., & van Knippenberg, D. (2008). Motivated information processing in group judgment and decision making. *Personality and Social Psychology Review, 12*(1), 22–49. https://doi.org/10.1177/1088868307304092.

Devine, P. G., Plant, E. A., Amodio, D. M., Harmon-Jones, E., & Vance, S. L. (2002). The regulation of explicit and implicit race bias: The role of motivations to respond without prejudice. *Journal of Personality and Social Psychology, 82*(5), 835–848. https://doi. org/10.1037//0022-3514.82.5.835.

Dovidio, J. F., Brigham, J. C., Johnson, B. T., & Gaertner, S. L. (1996). Stereotyping, prejudice, and discrimination: Another look. In C. N. Macrae, C. Stangor, & M. Hewstone (Hrsg.), *Stereotypes and stereotyping* (S. 276–319). New York: Guildford.

Dovidio, J. F., Kawakami, K., & Gaertner, S. L. (2002). Implicit and explicit prejudice and interracial interaction. *Journal of Personality and Social Psychology, 82*(1), 62–68. https://doi.org/10.1037/0022-3514.81.3.463.

Dovidio, J. F., Kawakami, K., & Beach, K. R. (2008). Implicit and explicit attitudes: Examination of the relationship between measures of intergroup bias. In R. Brown & S. L. Gaertner (Hrsg.), *Blackwell handbook of social psychology: Intergroup processes* (S. 175–197). Oxford: Blackwell.

Dovidio, J. F., Hewstone, M., Glick, P., & Esses, V. M. (2010). Prejudice, stereotyping and discrimination: Theoretical and empirical overview. In J. F. Dovidio, M. Hewstone, & V. M. Esses (Hrsg.), *The SAGE handbook of prejudice, stereotyping and discrimination* (S. 3–29). London: SAGE Publications Ltd.

Farina, A., Allen, J. G., & Saul, B. B. B. (1968). The role of the stigmatized person in affecting social relationships. *Journal of Personality, 36*(2), 169–182. https://doi. org/10.1111/j.1467-6494.1968.tb01467.x.

Fazio, R. H. (1990). Multiple processes by which attitudes guide behavior: The mode model as an integrative framework. In M. P. Zanna (Hrsg.), *Advances in experimental social psychology* (Bd. 23, S. 75–109). San Diego: Academic Press. https://doi. org/10.1016/S0065-2601(08)60318-4.

Fiske, S. T. (1992). Stereotyping, prejudice, and discrimination. In D. T. Gilbert, S. T. Fiske, & G. Lindzey (Hrsg.), *Handbook of social psychology* (Bd. 2, S. 357–411). New York: McGraw-Hill.

Fiske, S. T. (2000). Stereotyping, prejudice, and discrimination at the seam between the centuries: Evolution, culture, mind, and brain. *European Journal of Social Psychology, 30*(3), 299–322. https://doi.org/10.1002/(SICI)1099-0992(200005/06)30:3<299::AID-EJSP2>3.0.CO;2-F.

Fiske, S. T., Cuddy, A. J., Glick, P., & Xu, J. (2002). A model of (often mixed) stereotype content: Competence and warmth respectively follow from perceived status and competition. *Journal of Personality and Social Psychology, 82*(6), 878. https://doi. org/10.1037/0022-3514.81.3.463.

Forgas, J. P. (1995). Mood and judgment: The affect infusion model (AIM). *Psychological Bulletin, 117*(1), 39–66. https://doi.org/10.1037/0033-2909.117.1.39.

Gaertner, S. L., & Dovidio, J. F. (1986). The aversive form of racism. In J. F. Dovidio & S. L. Gaertner (Hrsg.), *Prejudice, discrimination and racism* (S. 61–89). San Diego: Academic Press.

Gehrau, V., & Goertz, L. (2010). Gespräche über Medien unter veränderten medialen Bedingungen. *Publizistik, 55*(2), 153–172. https://doi.org/10.1007/s11616-010-0082-5.

Gigone, D., & Hastie, R. (1993). The common knowledge effect: Information sharing and group judgment. *Journal of Personality and Social Psychology, 65*(5), 959–974. https://doi.org/10.1037/0022-3514.65.5.959.

Givens, S. M. B., & Monahan, J. L. (2005). Priming Mammies, Jezebels, and other controlling images: An examination of the influence of mediated stereotypes on perceptions of an African American woman. *Media Psychology, 7*(1), 87–106. https://doi.org/10.1207/S1532785XMEP0701_5.

Gutmann, A., & Thompson, D. F. (1996). *Democracy and disagreement.* Cambridge: Harvard University Press.

Habermas, J. (1990). *Strukturwandel der Öffentlichkeit: Untersuchungen zu einer Kategorie der bürgerlichen Gesellschaft. Mit einem Vorwort zur Neuauflage 1990.* Frankfurt a. M.: Suhrkamp.

Hefner, D. (2012). *Alltagsgespräche über Nachrichten: Medienrezeption, politische Expertise und die wissensbildende Qualität von Anschlusskommunikation.* Baden-Baden: Nomos.

Hewstone, M. (1994). Revision and change of stereotypic beliefs: In search of the elusive subtyping model. *European Review of Social Psychology, 5*(1), 69–109. https://doi.org/10.1080/14792779543000020.

Hinsz, V. B., Tindale, R. S., & Vollrath, D. A. (1997). The emerging conceptualization of groups as information processors. *Psychological Bulletin, 121*(1), 43–64. https://doi.org/10.1037/0033-2909.121.1.43.

Isenberg, D. J. (1986). Group polarization: A critical review and meta-analysis. *Journal of Personality and Social Psychology, 50*(6), 1141–1151. https://doi.org/10.1037/0022-3514.50.6.1141.

Janis, I. L. (1982). *Groupthink: Psychological studies of policy decisions and fiascoes* (2. Aufl.). Boston: Houghton Mifflin.

Katz, E., & Liebes, T. (1990). Interacting with „Dallas": Cross cultural readings of American tv. *Canadian Journal of Communication, 15*(1), 45–66.

Katz, I., & Hass, R. G. (1988). Racial ambivalence and American value conflict: Correlational and priming studies of dual cognitive structures. *Journal of Personality and Social Psychology, 55*(6), 893–905. https://doi.org/10.1037/0022-3514.55.6.893.

Kerr, N. L., & Tindale, R. S. (2004). Group performance and decision making. *Annual Review of Psychology, 55*(1), 623–655. https://doi.org/10.1146/annurev.psych.55.090902.142009.

Kerr, N. L., MacCoun, R. J., & Kramer, G. P. (1996). Bias in judgment: Comparing individuals and groups. *Psychological Review, 103*(4), 687–719. https://doi.org/10.1037//0033-295X.103.4.687.

Kessler, B., & Kupferschmitt, T. (2012). Fernsehen in Gemeinschaft. Analyse zu Konstellation der Fernsehnutzung. *Media Perspektiven, 12*, 623–634.

Klemm, M. (2000). *Zuschauerkommunikation: Formen und Funktionen der alltäglichen kommunikativen Fernsehaneignung*. Frankfurt a. M.: Lang.

Kruglanski, A. W., & Webster, D. M. (1996). Motivated closing of the mind: „Seizing" and „freezing". *Psychological Review, 103*(2), 263–283. https://doi.org/10.1037/0033-295X.103.2.263.

Kruglanski, A. W., Pierro, A., Mannetti, L., & De Grada, E. (2006). Groups as epistemic providers: Need for closure and the unfolding of group-centrism. *Psychological Review, 113*(1), 84–100. https://doi.org/10.1037/0033-295X.113.1.84.

Kunda, Z. (1990). The case for motivated reasoning. *Psychological Bulletin, 108*(3), 480–498. https://doi.org/10.1037/0033-2909.108.3.480.

Lang, A. (2006). Using the limited capacity model of motivated mediated message processing to design effective cancer communication messages. *Journal of Communication, 56*(1), 57–80. https://doi.org/10.1111/j.1460-2466.2006.00283.x.

Laughlin, P. R., Hatch, E. C., Silver, J. S., & Boh, L. (2006). Groups perform better than the best individuals on letters-to-numbers problems: Effects of group size. *Journal of Personality and Social Psychology, 90*(4), 644–651. https://doi.org/10.1037/0022-3514.90.4.644.

Liao, L.-M., & Simmonds, M. (2014). A values-driven and evidence-based health care psychology for diverse sex development. *Psychology & Sexuality, 5*(1), 83–101. https://doi.org/10.1080/19419899.2013.831217.

Luskin, R. C., O'Flynn, I., Fishkin, J. S., & Russell, D. (2014). Deliberating across deep divides. *Political Studies, 62*(1), 116–135. https://doi.org/10.1111/j.1467-9248.2012.01005.x.

Maass, A., Salvi, D., Arcuri, L., & Semin, G. R. (1989). Language use in intergroup contexts: The linguistic intergroup bias. *Journal of Personality and Social Psychology, 57*(6), 981–993. https://doi.org/10.1037/0022-3514.57.6.981.

Mendelberg, T. (2002). The deliberative citizen: Theory and evidence. In M. X. Delle Carpini, L. Huddy, & R. Y. Shapiro (Hrsg.), *Political decision-making, deliberation and participation* (Bd. 6, S. 151–193). Amsterdam: JAI Press Inc.

Monteith, M. J., Deneen, N. E., & Tooman, G. D. (1996). The effect of social norm activation on the expression of opinions concerning gay men and Blacks. *Basic and Applied Social Psychology, 18*(3), 267–288. https://doi.org/10.1207/s15324834basp1803_2.

Nemeth, C. J., & Kwan, J. L. (1987). Minority influence, divergent thinking and detection of correct solutions. *Journal of Applied Social Psychology, 17*(9), 788–799. https://doi.org/10.1111/j.1559-1816.1987.tb00339.x.

Nosek, B. A. (2005). Moderators of the relationship between implicit and explicit evaluation. *Journal of Experimental Psychology: General, 134*(4), 565–584. https://doi.org/10.1037/0096-3445.134.4.565.

Paluck, E. L. (2009). Reducing intergroup prejudice and conflict using the media: A field experiment in Rwanda. *Journal of Personality and Social Psychology, 96*(3), 574–587. https://doi.org/10.1037/a0011989.

Paluck, E. L. (2010). Is it better not to talk? Group polarization, extended contact, and perspective taking in Eastern Democratic Republic of Congo. *Personality and Social Psychology Bulletin, 36*(9), 1170–1185. https://doi.org/10.1177/0146167210379868.

Paluck, E. L., & Green, D. P. (2009). Prejudice reduction: What works? A review and assessment of research and practice. *Annual Review of Psychology, 60*(1), 339–367. https://doi.org/10.1146/annurev.psych.60.110707.163607.

Paolini, S., Harwood, J., & Rubin, M. (2010). Negative intergroup contact makes group memberships salient: Explaining why intergroup conflict endures. *Personality and Social Psychology Bulletin, 36*(12), 1723–1738. https://doi.org/10.1177/0146167210388667.

Pendry, L. (2007). Soziale Kognition. In K. Jonas, W. Stroebe, & M. Hewstone (Hrsg.), *Sozialpsychologie: Eine Einführung* (S. 111–145). Berlin: Springer. https://doi. org/10.1007/978-3-540-71633-4_4.

Pettigrew, T. F. (1998). Intergroup contact theory. *Annual Review of Psychology, 49,*65–85. https://doi.org/10.1146/annurev.psych.49.1.65.

Pettigrew, T. F. (2009). Secondary transfer effect of contact: Do intergroup contact effects spread to noncontacted outgroups? *Social Psychology, 40*(2), 55–65. https://doi. org/10.1027/1864-9335.40.2.55.

Pettigrew, T. F., Tropp, L. R., Wagner, U., & Christ, O. (2011). Recent advances in intergroup contact theory. *International Journal of Intercultural Relations, 35*(3), 271–280. https://doi.org/10.1016/j.ijintrel.2011.03.001.

Petty, R. E., & Cacioppo, J. T. (1986). The elaboration likelihood model of persuasion. In L. Berkowitz (Hrsg.), *Advances in experimental social psychology* (Bd. 19, S. 123–205). Orlando: Academic Press.

Plant, E. A., & Devine, P. G. (2001). Responses to other-imposed pro-Black pressure: Acceptance or backlash? *Journal of Experimental Social Psychology, 37*(6), 486–501.

Plant, E. A., Devine, P. G., Cox, W. T. L., Columb, C., Miller, S. L., Goplen, J., et al. (2009). The Obama effect: Decreasing implicit prejudice and stereotyping. *Journal of Experimental Social Psychology, 45*(4), 961–964. https://doi.org/10.1016/j.jesp.2009.04.018.

Pratto, F., Sidanius, J., Stallworth, L. M., & Malle, B. F. (1994). Social dominance orientation: A personality variable predicting social and political attitudes. *Journal of Personality and Social Psychology, 67*(4), 741–763. https://doi.org/10.1037/0022-3514.67.4.741.

Riach, P., & Rich, J. (2004). Fishing for discrimination. *Review of Social Economy, 62*(4), 465–486. https://doi.org/10.1080/0034676042000296227.

Rojas, H., Shah, D. V., Cho, J., Schmierbach, M., Keum, H., & Gil-De-Zuniga, H. (2005). Media dialogue: Perceiving and addressing community problems. *Mass Communication and Society, 8*(2), 93–110. https://doi.org/10.1207/s15327825mcs0802_2.

Schiappa, E., Gregg, P. B., & Hewes, D. E. (2005). The parasocial contact hypothesis. *Communication Monographs, 72*(1), 92–115. https://doi.org/10.1080/03637750520003 42544.

Schulz-Hardt, S., Frey, D., Lüthgens, C., & Moscovici, S. (2000). Biased information search in group decision making. *Journal of Personality and Social Psychology, 78*(4), 655–669. https://doi.org/10.1037//0022-3514.78.4.655.

Schweiger, W. (2007). *Theorien der Mediennutzung: eine Einführung.* Wiesbaden: VS.

Sechrist, G. B., & Stangor, C. (2004). Prejudice as social norms. In C. S. Crandall & M. Schaller (Hrsg.), *Social psychology of prejudice: Historical and contemporary issues.* Lawrence: Lewinian Press.

Sherif, M., Harvey, O. J., White, B. J., Hood, W. R., & Sherif, C. W. (1961). *Intergroup conflict and cooperation. The Robbers Cave experiment*. Norman: University of Oklahoma Book Exchange.

Smith, E. R. (1993). Social identity and social emotions: Toward new concepitualizations of prejudice. In D. M. Mackie & D. L. Hamilton (Hrsg.), *Affect, cognition and stereotyping: Interactive processes in group perception* (S. 297–315). San Diego: Academic Press.

Sommer, D. (2010). *Nachrichten im Gespräch: Wesen und Wirkung von Anschlusskommunikation über Fernsehnachrichten*. Baden-Baden: Nomos-Edition Reinhard Fischer.

Spears, R., & Tausch, N. (2014). Vorurteile und Intergruppenbeziehungen. In K. Jonas, W. Stroebe, & M. Hewstone (Hrsg.), *Sozialpsychologie* (6. Aufl., S. 107–140). Berlin: Springer.

Stangor, C. (2009). The study of stereotyping, prejudice, and discrimination within social psychology: A Quick History of Theory and Research. In T. D. Nelson (Hrsg.), *Handbook of prejudice, stereotyping, and discrimination* (S. 1–22). New York: Psychology Press.

Stangor, C., Sechrist, G. B., & Jost, J. T. (2001). Changing racial beliefs by providing consensus information. *Personality and Social Psychology Bulletin, 27*(4), 486–496. https://doi.org/10.1177/0146167201274009.

Stasser, G., & Titus, W. (1985). Pooling of unshared information in group decision making: Biased information sampling during discussion. *Journal of Personality and Social Psychology, 48*(6), 1467–1478. https://doi.org/10.1037/0022-3514.48.6.1467.

Stephan, W. G., & Renfro, C. L. (2002). The role of threat in intergroup relations. In D. Mackie & E. R. Smith (Hrsg.), *From prejudice to intergroup emotions: Differentiated reactions to social groups* (S. 191–208). New York: Psychology Press.

Sutter, T. (2010). Anschlußkommunikation und die kommunikative Verarbeitung von Medienangeboten. Ein Aufriß im Rahmen einer konstruktivistischen Theorie der Mediensozialisation. In T. Sutter (Hrsg.), *Medienanalyse und Medienkritik: Forschungsfelder einer konstruktivistischen Soziologie der Medien* (S. 43–58). Wiesbaden: VS Verlag. https://doi.org/10.1007/978-3-531-92218-8_3.

Tajfel, H. (1969). Cognitive aspects of prejudice. *Journal of Social Issues, 25*(4), 79–97.

Tajfel, H., & Turner, J. C. (1986). The social identity theory of intergroup behavior. In S. Worchel & W. G. Austin (Hrsg.), *Psychology of intergroup relations* (S. 7–24). Chicago, IL: Nelson-Hall.

Tajfel, H., Billig, M. G., Bundy, R. P., & Flament, C. (1971). Social categorization and intergroup behaviour. *European Journal of Social Psychology, 1*(2), 149–178.

Tarman, C., & Sears, D. O. (2005). The conceptualization and measurement of symbolic racism. *The Journal of Politics, 67*(3), 731–761. https://doi.org/10.1111/j.1468-2508.2005.00337.x.

Taylor, S. E., Fiske, S. T., Etcoff, N. L., & Ruderman, A. J. (1978). Categorical and contextual bases of person memory and stereotyping. *Journal of Personality and Social Psychology, 36*(7), 778–793. https://doi.org/10.1037/0022-3514.36.7.778.

Tindale, R. S., & Kameda, T. (2000). 'Social Sharedness' as a unifying theme for information processing in groups. *Group Processes & Intergroup Relations, 3*(2), 123–140. https://doi.org/10.1177/1368430200003002002.

Tversky, A., & Kahneman, D. (1974). Judgement under uncertainty: Heuristics and biases. *Science, 185,*1124–1131. https://doi.org/10.1126/science.185.4157.1124.

Verkuyten, M., & Hagendoorn, L. (1998). Prejudice and self-categorization: The variable role of authoritarianism and in-group stereotypes. *Personality and Social Psychology Bulletin, 24*(1), 99–110. https://doi.org/10.1177/0146167298241008.

Wegner, D. M., Giuliano, T., & Hertel, P. T. (1985). Cognitive interdependence in close relationships. In W. Ickes (Hrsg.), *Compatible and incompatible relationships* (S. 253–276). New York: Springer. https://doi.org/10.1007/978-1-4612-5044-9_12.

Williams, D. R. (1999). Race, socioeconomic status, and health. The added effects of racism and discrimination. *Annals of the New York Academy of Sciences, 896*(1), 173–188. https://doi.org/10.1111/j.1749-6632.1999.tb08114.x.

Wright, S. C., Aron, A., McLaughlin-Volpe, T., & Ropp, S. A. (1997). The extended contact effect: Knowledge of cross-group friendships and prejudice. *Journal of Personality and Social Psychology, 73*(1), 73–90. https://doi.org/10.1037/0022-3514.73.1.73.

Wunder, M. (2012). Intersexualität: Leben zwischen den Geschlechtern. *Aus Politik und Zeitgeschichte, 62*(20–21), 34–40.

Zhang, Q. (2010). Asian Americans beyond the model minority stereotype: The Nerdy and the left out. *Journal of International & Intercultural Communication, 3*(1), 20–37. https://doi.org/10.1080/17513050903428109.

Zick, A., Küpper, B., & Hövermann, A. (2011). *Die Abwertung der Anderen: eine europäische Zustandsbeschreibung zu Intoleranz, Vorurteilen und Diskriminierung*. Berlin: Friedrich-Ebert-Stiftung, Forum Berlin.